Rinkeldekinkel

Rinkeldekinkel

An Anthology

of Dutch Poetry

Edited by Rob Schouten

MILKWEED EDITIONS

Published 2021 by Milkweed Editions
Printed in the United States of America
Cover design by Mary Austin Speaker
Editor photo by Koos Breukel
21 22 23 24 25   5 4 3 2 1
First Edition

Milkweed Editions, an independent nonprofit publisher, gratefully acknowledges sustaining support from our Board of Directors; the Alan B. Slifka Foundation and its president, Riva Ariella Ritvo-Slifka; the Amazon Literary Partnership; the Ballard Spahr Foundation; *Copper Nickel*; the McKnight Foundation; the National Endowment for the Arts; the National Poetry Series; the Target Foundation; and other generous contributions from foundations, corporations, and individuals. Also, this activity is made possible by the voters of Minnesota through a Minnesota State Arts Board Operating Support grant, thanks to a legislative appropriation from the arts and cultural heritage fund. For a full listing of Milkweed Editions supporters, please visit milkweed.org.

      MᶜKNIGHT FOUNDATION

Library of Congress Cataloging-in-Publication Data

Names: Schouten, Rob, editor.
Title: Rinkeldekinkel : an anthology of Dutch poetry / edited by Rob Schouten.
Description: First edition. | Minneapolis : Milkweed Editions, 2021. | In English and Dutch. | Summary: "A bold, engaged new anthology spotlighting the work of contemporary Dutch poets"-- Provided by publisher.
Identifiers: LCCN 2021026547 (print) | LCCN 2021026548 (ebook) | ISBN 9781571315335 (trade paperback) | ISBN 9781571317308 (ebook)
Subjects: LCSH: Dutch poetry--21st century. | Dutch poetry--21st century--Translations into English.
Classification: LCC PT5479 .R56 2021 (print) | LCC PT5479 (ebook) | DDC 839.311/7--dc23
LC record available at https://lccn.loc.gov/2021026547
LC ebook record available at https://lccn.loc.gov/2021026548

Milkweed Editions is committed to ecological stewardship. We strive to align our book production practices with this principle, and to reduce the impact of our operations in the environment. We are a member of the Green Press Initiative, a nonprofit coalition of publishers, manufacturers, and authors working to protect the world's endangered forests and conserve natural resources. *Rinkeldekinkel* was printed on acid-free 100% postconsumer-waste paper by McNaughton & Gunn.

CONTENTS

Introduction

Introducing Dutch poetry means that we have to talk about the phenomenon of the delta. The Netherlands lies in a delta, which through the course of the centuries has been cultivated by its inhabitants into an important harbor and trading area. It is a flat land, which is also somewhat true in social terms: here, equality is the norm. This principle of equality, which was further promoted by countless voyages of discovery and trading expeditions over the centuries, also influenced the lowland culture that enriches itself with everything that comes its way; our country is like a sponge, and the lowlanders—the Dutch—are sort of beachcombers.

Being only a small country with a population of seventeen million, the Netherlands has evidently been subject to a great deal of foreign influences. Many foreigners crossed our borders searching for our tolerant climate. In the seventeenth century (known as the Golden Age), the Netherlands became a free port for foreign dissidents; if there is one thing characteristic of our culture it is the high level of globalization, even before internet and social media. That said, the arts in the Netherlands had never been particularly nationalistic. We are not used to great political or national turmoil, and this is true for poetry as well. Most political or social happenings in the country tended to stay below the poetical surface.

We therefore have—or maybe I should say *had*—no strong politically engaged poetry. A Dutch poet, Jan Eijkelboom, once descibed this attitude as follows: "Poetry should not listen to politics but politics should rather listen to poetry."

Overall, Dutch literature fits into the great history of Western literature. One encounters equivalents for all of the great European movements: Romanticism, modernism and postmodernism, but they are seldom colored in a specific lowlands way; that in itself is perhaps the most typical feature of Dutch culture as it is for its poetry.

Dutch poetry before the Second World War was mainly influenced by Romantic-Realism with some strikes of modernism that, until then, was never a dominant Dutch characteristic. One of the reasons for this lack of contemporary experimental poetry was the fact that the Netherlands did not participate in the First World War—which shook elsewhere culture. Only after 1945 did the Netherlands find itself in a cultural impasse, giving birth to one of the most interesting movements in Dutch poetry: the so-called Fifties movement.

The Fifties poets were a Dutch answer to the modernist movement. Gerrit Kouwenaar and Lucebert, for instance, produced lyrical highpoints, but their occasional hermetic linguistic constructions excluded many readers. A reaction came. In the 1960s, neorealism popped up: writers and poets attempted to engage with the real world as if it were something new, and they showed interest in the psychological and social realities of their fellow man. Some of these poets, such as K. Schippers and J. Bernlef, engaged with reality in a witty and down-to-earth way; they were influenced by Dadaism and liked to focus on objets trouvés and simple, often overlooked concepts and items. Other poets in this movement, like Rutger Kopland and Judith Herzberg, were concerned with simple, direct, universal humanity.

However, some poets wanted to rebel against the humane but sometimes all-too-introverted poetry. In the middle of the 1980s, a generation of young Dutch poets had seen enough of what they considered to be a sterile poetical climate. What is currently known worldwide as postmodernism manifested itself in a rebellious movement called the Maximalists. Other poets joined in with poems that looked upon the world with a powerful and sometimes baroque amazement. Reality and fantasy went firmly hand in hand during this time.

I think that the changes that Dutch poetry went through during the eighties could be an inverse reaction to what happened in society. While ego-culture, narcissism, and materialism dominated socially, Dutch poetry showed a great outburst of liveliness, creativity, and the urge to communicate. Many volumes of poetry appeared in which individualists looked at the world with a surprised, alternative view. So, one could say that a "straight" climate called forward the opposite: unpredictable, "slanting" poems, in a way the opposite of what happened during the roaring sixties when Dutch poetry, despite the social turmoil, stayed relatively calm and introverted.

A great deal of Dutch poetry nowadays is influenced by urban tendencies, by movies, by social media, by elements of the news. Earlier generations often focused on nature, that traditional source of consolation for modern man who has lost his religious faith and paradise. This tendency also means that most younger poets do not strive any longer for unity behind all diversity, for calming the chaos, for a symbolist view on reality; on the contrary, they emphasize pluriformity, changes of registers, they prefer the prismatic glance of diversity.

Also quite striking is the renewal of language in Dutch poetry seen in the influence of slang and the use of quotations from all sorts of sources. Poets try out new idioms, creating neologisms and recycling spoken language; this also implies a new view on reality, as if they want to contribute to chaos rather than reduce it. The global world is a colorful event, we don't want to tame it; rather, we want to be amused, bewildered, and excited. The traditional and rational complacency of many of the older poets seems to have vanished.

And of course there are literary reasons for the massive change of mood as well. The Netherlands has always had a limited linguistic area. Therefore, foreign influences play an important role in our twentieth-century growth. Major poetry events like the Rotterdam Poetry International Festival, which started in 1970, brought poetry in translation from all over the world. We saw an increase in multiculturalism in the seventies due to the arrival of many new inhabitants from the former colonies and the influx of gastarbeiders—or guest workers—from Turkey, Morocco, and other Eastern and Southern European countries led to an increasingly diverse poetry scene.

Another feature of modern Dutch poetry that distinguishes it from the old one is its theatricality. Unlike the old days when poetry was mostly read in silence, there is now a blossoming practice of reading and performing poetry in public. This is not only true for slam poetry, which has a fruitful branch in the Netherlands, but also for the more traditional form of written poetry. There are dozens if not hundreds of poetry festivals across the country, and many cities have a so-called Stadsdichter, or City Poet. The Stadsdichter is a sort of local Poet Laureate who, by appointment, produces poetry that reflects on social or public events. One could say that poetry in the Netherlands, for the first time in its modern history, really has a public voice.

All of the above is represented in the poets included in this anthology. Pieter Boskma, for instance, is the only surviving poet of the Maximalen whose meandering poems reflect a new vision on nature and human life. K. Michel, Arjen Duinker, Tonnus Oosterhoff and Elma van Haren all made their debuts around 1990 and provided postwar poetry with the artistic and philosophical freedom it so badly needed. One could call their prismatic, open poems as close to democratic as a poem could be.

The turn of the century also saw a striking influx of female poets, all of them different but one in their effort to strike different tones in Dutch poetry: Anneke Brassinga, Esther Jansma, Anne Vegter, Hagar Peeters, Maria Barnas, Ellen Deckwitz, Ester Naomi Perquin, and the youngest in this anthology, Lieke Marsman, all produce a versatile body of work that ranges from experimental (Vegter) to more traditional (Jansma).

The unique modern baroque of Ilja Leonard Pfeijffer, who reverts to the ancients, as does Hester Knibbe, in another way, the classic Romantic agony of Menno Wigman, the complex Escher-like tale-telling of Nachoem Wijnberg, the cheerful lyricism of Erik Menkveld, the philosophical complacency of Mark Boog, the light hearted virtuosity of Ingmar Heytze, the multicutural inspiration of Mustafa Stitou and Alfred Schaffer—all of this can be found in these pages. *Rinkeldekinkel* casts a light on the Netherlands' cultural and artistic growth as well as makes clear the thrilling society we have always been.

What more could an anthologist wish for?

ROB SCHOUTEN
April 2021

MARIA BARNAS

(1973)

———

MARIA BARNAS published her first collection of poetry, *Twee zonnen* (*Two Suns*) after establishing herself as a visual artist and publishing two novels. *Twee zonnen* was awarded the C. Buddingh' Prize, and was followed by her highly praised second collection, *Er staat een stad op* (*A City Rises*), in 2007.

ER STAAT EEN STAD OP

Vanaf de hoogste verdieping de stad in.
Beneden razen de straten van Buenos Aires.

De stad waar alles goed komt.

Ze nemen je mee in hoeken
van negentig graden. Maar het waait hier

schaduwen en het wentelt kiezelstenen
gebouwen. Er is er één

met een hart van geschaafde rode steen.

En om niet te zien hoe een hart zich uitstort
ga je naar beneden. Hou je schaduw bij je.

De rode zoom langs je hals mondt uit
in een rode rivier. Denk waterval.

Watervallen.

De klep van een piano slaat een huis stevig dicht.
Mept een gebouw tegen de muur.

In de lift struikel je over de drempel uit een zeker huis.
Een plafond van sterren stijgt.

Zo storten twintig verdiepingen. Languit.
Er staat een stad op.

A CITY RISES

Translated by Donald Gardner

Into the city from the top storey.
The streets of Buenos Aires are roaring below.

The city where everything turns out right-

They take you along in right
angles. But shadows are blowing here

and pebblestone buildings
swirl. There is one

with a heart of grazed red stone.

And so as not to see a heart pouring itself out
you go downstairs. Hang onto your shadow.

The red hem round your neck opens out
into a red river. Think waterfall.

Waterfalls.

A piano lid slams a house shut.
Swipes a building against the wall.

In the lift you stumble over the threshold from a certain house.
A ceiling of stars ascends.

Twenty storeys plunge. Full length.
A city rises.

VOOR DE ZEKERHEID

July 8, 2005 LONDON—London struggled back Friday after bombings. Much of
London was eerily quiet. Bombed stations were shrouded in security curtains, and
refrigerated trucks waited outside to cart away bodies.

De straten roeren zich niettemin. Onderbreek me.

Hoewel we ons langs de Thames in ontzettende bochten de stad
uit wrongen waren we op alles voorbereid.

Blader gerust de verdiepingen door een ezelsoor
in de schacht van een lift. Maak dikke loden druppels van metaal
en lonten stort in duikvluchten. Vallen.

Hoofdletters houden de bommen met moeite bij.
Verspreek me.

Ze zitten als sandwiches in tassen van Tesco
waar ik—daar gaan we.

We waren er klaar voor we waren op alles voorbereid
en we hielden ons *eerily* stil.

We hebben ruim van tevoren de kuilen gegraven
en nauwkeurig ruïnes van straten en huizen geschraapt
uit steen. Voor de zekerheid een schelp geschaafd uit plein
en uit trap van metro hakten we treden in tegengestelde richting.

Iemand twijfelde eraan maar toen het tijd was begon het.

De bommen vielen op hun plaats.

JUST TO MAKE SURE

Translated by Donald Gardner

July 8, 2005 LONDON—London struggled back Friday after bombings. Much of
London was eerily quiet. Bombed stations were shrouded in security curtains, and
refrigerated trucks waited outside to cart away bodies.

The streets are stirring all the same. Interrupt me.

Although we wormed our way out of the city along the Thames
in tremendous curves we were prepared for everything.

Feel free to leaf through the stories, fold a dog-ear
in the shaft of a lift. Make thick leaden drops out of metal
and plunge in nosedives. Pitfalls.

Capital letters hardly keep up with the bombs.
Mistake me.

They are sitting like sandwiches in Tesco carrier bags
where I—here we go.

We were ready for it we were prepared for everything
and we stayed eerily quiet.

We had planned the pits well before
and meticulously scraped ruins of streets and houses
out of stone. Sliced a shell out of square just to make sure
and hacked stairs out of underground steps in the opposite direction.

Someone doubted it but when the time came it began.

The bombs landed in their place.

ERBARME DICH

Een Engelsman met prachtige ogen stemt mijn piano.
I'm going to do it very carefully zegt hij.
Er vallen druppels en blaadjes uit de vlierbes die in de hoek
van de tuin staat, sir, als woorden uit mijn mond.
Would you mind?
Ik denk dat de boom ongeneeslijk ziek is.
We might have a slight problem here.
Wij.

Er is een vochtige zomer aangebroken in mijn hoofd
dear sir, een verlammende hitte. Weet u misschien raad?
Ik weet niet wat verzengend in het Engels is.
Would you like a drink?
Thank you so much.
How much?

In Brussel at ik chocola uit goudblad
en ik had smetteloze schoenen aan.
In Parijs zat ik in een reuzenrad.
Ik zou zo met u mee naar Londen gaan.

Of ik suiker heb. En melk.
De Engelsman speelt.
Erbarme dich.

Dat is dat. Dat is alles.
Thank you so much.

ERBARME DICH

Translated by Donald Gardner

An Englishman with gorgeous eyes is tuning my piano.
I'm going to do it very carefully, he says.
Droplets and leaves are spilling from the elderberry bush
in the corner of the garden, sir, like words from my mouth.
Would you mind?
I think the tree is incurably ill.
We might have a slight problem here.
We.

A humid summer has dawned in my mind
dear sir, a paralysing heat. Do you have any suggestions?
I don't know what "scorching" is in English.
Would you like a drink?
Thank you so much.
How much?

In Brussels I ate chocolate made of gold foil
and I wore impeccable shoes.
In Paris I rode in a Ferris wheel.
I could go with you to London just like that.

If I have sugar. And milk.
The Englishman plays.
Erbarme dich.

That is that. That is all.
Thank you so much.

MARK BOOG

(1970)

MARK BOOG briefly studied artificial intelligence before he made his debut as a poet in 2000 with *Alsof er iets gebeurt* (*As if Something is Happening*), which was awarded the C. Buddingh' Prize. It was followed by several volumes of poetry and prose, of which *De encyclopedie van de grote woorden* (*The Encyclopedia of Big Words*) won the prestigious VSB Poetry Prize in 2006.

HET IS ER WEL, ALLEMAAL

Het is er wel, allemaal, maar niet van harte. Het
verontschuldigt zich: elke schilder had dit beter gedaan.

Aan mij, goedzak, om de boel te redden.
Het is mooi, alles! Het moet mooi zijn! Maar om mijn

barstende lippen speelt de zenuwtrek die glimlach heet
en vestigt zich—een teek op een hond, ziekte in de borst.

Ontblader, boom, val op de miezerige hoofden, hemel,
doe wat. Mij de glorie. Mij de mismoedigheid.

Men ontlast zich niet werkelijk en men draagt
aan de onvolkomenheid zijn eigen lichaam en geest bij.

Tevergeefs, natuurlijk.

IT'S ALL THERE, EVERYTHING

Translated by Willem Groenewegen

It's all there, everything, but not wholeheartedly. It
apologises: every painter would have done this better.

To me, softly, to save the day.
It's nice, everything! It has to be nice! But about my

chapping lips there's a tic playing called a grin
that's settling in—a tick on a dog, sickness of the chest.

Defoliate, tree, fall on the murky heads, heaven,
do something. Glory unto me. Dejection unto me.

One doesn't actually relieve oneself and one contributes
to the imperfection of one's own body and soul.

To no avail, of course.

GELUK

Het geluk is overkomelijk. Men plaatst het
in een vitrine en gaat aan het werk.
Wie ernaar vraagt krijgt het te zien,
onder weloverwogen commentaar.

Het is gebruikelijk om 's avonds achterover
te zitten en het geluk, zoals dat beschaafd
verlicht tentoongesteld staat, te beschouwen.
Men stoot de deelgenoot erover aan.
Die knikt of zegt heel zachtjes: 'Ja.'

In hoeverre het geluk ons bepaalt
is niet eens een vraag: totaal. Wij zijn niets
dan ons geluk, en het geluk is waar wij zijn.

Slechts tijdens het afnemen van de glasplaat
slaan we soms de ogen neer. De vochtige
doek hangt slap in onze handen. Zo mooi.

HAPPINESS

Translated by Willem Groenewegen

Happiness is surmountable. One places it
in a glass case and goes to work.
Those who ask are allowed to see it,
accompanied by a balanced commentary.

It is customary to lean back in the evening
and, in the refined light it is
exhibited, consider this happiness.
One gives one's companion a nudge.
They nod or say quite softly: "Yes."

To what extent this happiness determines us
is not even the question: absolutely. We are nothing
but our happiness, and happiness is where we are.

Only whilst wiping the glass top
we sometimes lower our eyes. The damp cloth
is slack in our hands. So beautiful.

ONZE AFWEZIGHEID

Onze afwezigheid was verklaarbaar
uit de hoogte van de bomen,
uit het gras, dat gemaaid moest worden,
uit de vogels, de wolken, de gaten.

Zo lang niets zeggen dat het zwijgen heet,
verdwijnen wordt genoemd, dat het
nog maar moeilijk kwalijk kan
worden genomen. Het grijs van de lucht:

wij. Zoektochten werden afgeblazen,
honden teruggeroepen, nieuwsberichten
vergeten. Beweeg je niet, dat geeft maar
kringen in de vijver van de stilte.

OUR ABSENCE

Translated by Michele Hutchison

Our absence was apparent
from the overgrown shrubs
from the grass that needed mowing,
from the birds, the clouds, the gaps.

Not speaking until it becomes
deliberate silence, a disappearance,
something that's difficult
to resent. The overcast sky:

us. Search parties have been called off,
dogs called back, news reports
forgotten. Don't move, that just
makes circles in the pool of silence.

PIETER BOSKMA

(1956)

———

PIETER BOSKMA, a Frisian by birth, studied various languages, East Asian art history, and anthropology. He is one of the few cosmic poets in the Netherlands. Since his debut as one of the revolutionary Maximalen (Maximalists), he has written several extensive collections of mystical, magical, and sometimes very down-to-earth poetry, including *De aardse komedie* (*The Earthly Comedy*), a novel in verse. His collection *Zelf* (*Self*) was nominated for the VSB Poetry Prize. He also writes prose.

Een dag als deze, druilerig en grijs,
aan ditzelfde raam, over een jaar of vijf,
nog altijd aan het werk, of dat al opgegeven
en alleen maar langzaam aan het overleven,

misschien nog steeds alleen, of draaglijk
met een ander, starend naar het zwenken
van de meeuwen laag boven de tuin,
moet ik vast plots aan je denken,

net als op dit moment,
en hoor ik weer je stem,
maar hoe zacht, hoe zacht,

nog maar amper te verstaan,
pas als ik je woorden opschrijf
lees ik met een glimlach

niets dan mijn eigen naam. ·

Translated by Paul Vincent

A day like this that's overcast and grey,
at this same window, some five years away,
still at work, or done with it already
and just surviving, slow and steady,

perhaps still on my own, or tolerably
coupled, staring at the jinking
of the gulls buzzing the garden,
I'm sure I'll suddenly be thinking

of you, as at this moment,
and I'll hear your voice again,
but how faint, how faint,

it's hard to hear it plain,
only when I write your words
do I read with a smile

simply my name.

BLIKSEMTOCHT

i.m. Czesław Miłosz

Ik landde op een lelie en ging de bloemkelk binnen
langs een wenteltrap van ranke geuren.
Hooglicht van honing vloeide beschroomd.
En de wind die suizelde tussen de punten
die vogels markeerden met hun ijl gezang
dat blonk als parels op een vroege Rembrandt,
als geluiden konden blinken, en dat deden ze,
hier wel! Zo hing in een boom een fluister van
golvend goudbrokaat, en in het gras trilde
de klacht van een verdwaalde steppewolf.
Zo toonde wat klonk zich, hier wel!
Ik zat in de bloemkelk en gonsde
van aandacht voor wat zich ontvouwde
onder mijn handen: een loom silhouet
van een meisje natuurlijk dat lachte
als water des zomers langs rotsige
oevers begroeid met exotische kruiden,
en het wolkte omhoog als een zwerm
voor het eerst aan de korf ontkomen
bijen, en ook ik maakte deel uit
van vleugels in voorjaar, klom boven
de mogelijkheid van geluk uit en zag
een fontein die zich proestend verhief
op een duin dat zo even nog somber
verdroogde, en zag hoe de lelie haar
maskers afzette en de gerimpelde tronie
zich toonde van wat was en is en zal.

LIGHTNING VISIT

Translated by Paul Vincent

In memoriam of Czesław Miłosz

I landed on a lily and entered the calyx
down a spiral staircase of slender smells.
Highlight of honey flowing discreetly.
And the wind that whistled between the points
that birds marked with their tenuous song
that gleams like pearls in an early Rembrandt,
if sounds could gleam, and they did,
here they did! So in a tree there hung a whisper
of wavy gold brocade, and in the grass there trembled
the lament of a stray steppe wolf.
So here what sounded showed itself, here it did!
I sat in a calyx and buzzed
with attention to what was unfolding
under my hands: a languid silhouette
of a girl of course who was laughing
like water in summer past rocky
banks clad with exotic herbs,
and a cloud rose like a swarm
of bees escaping the hive for the
first time, and I too was a part
of wings in the spring, climbed beyond
the possibility of being happy and saw
a fountain that rose guffawing
on a dune that just now was gloomily
drying, and saw how the lily took off its
masks and the wrinkled mug of what was
and is and shall revealed itself.

Anneke Brassinga

(1948)

—–—

ANNEKE BRASSINGA already had quite a career as an acclaimed and awarded translator (of, for instance, Nabokov, Beckett, and Proust) before she made her debut as a poet in 1987 with *Aurora*. Since then, she has published several volumes of poetry without forgetting her profession as a translator. Living as a secluse, she was awarded all major poetry prizes of the Netherlands, including the VSB Poetry Prize and the P.C. Hooft Prize for her complete works.

DE GOEDE AFLOOP

Wat doen we hier eigenlijk, vragen we
ons niet af zolang het huppelen van wijsjes
uit de luidsprekerboxen voortgaat, in de bomen
hangen ze onzichtbaar, en wij maar denken
dat het vogels zijn die kwinkeleren—

wat doen we hier? Eerst eens voelen of
de voeten warm genoeg en niet al te pijnlijk
verknobbeld zijn, dan even goed luisteren
naar het lichte geborrel in de diepte van ons
ingewand, oude waarzegster die laat weten

of we alweer verrekken van honger zoniet
dorst, je komt er immers niet achter anders
en het moet niet in het honderd lopen in het
hier, het verzandende, de bossige verstuiving
waar de limonadekraampjes de een na de ander

luchtspiegeling blijken als je hijgend dacht
er te zijn—in het hier waar je wandelt en,
door steeds het niet te kunnen laten nog weer
om te kijken naar waar je vandaan kwam,
niet ophoudt te struikelen over stronken,

schrammen op te lopen van ruwe eikenschors
en roest- of bloedrood prikkeldraad,
resten van beschaving. En hoe vaker je terug-
blikt, voortzwoegende, op de wonderschone
zonsopgang roerloos in je rug boven het verre

geboomte dat onhoorbaar ruist, hoe beter je
weet: dat ontwaken met de frisheid van limoenen,
die paradijselijke eerste hap van de tropische

THE HAPPY ENDING

Translated by John Irons

What on earth are we doing here, we do not
ask ourselves as long as the jigging of tunes
keeps coming from the speaker cabinets, hanging
invisible in the trees, and we go on thinking
that it's birds there twittering away—

What are we doing here? Just feel first if
our feet are warm enough and their knobbles
bearably painful, then take a good listen
to the gentle bubbling in the deep recesses of
our gut, old soothsayer that lets us know

if we're once more dying of hunger if not
thirst, there's no way of knowing otherwise
and please let it not go awry in the
here, the silting up, the woody sand drift
where the lemonade stalls one after the other

appear to be mirages, if, panting, you thought
you were there— in the here where you walk and,
since you constantly cannot refrain from once more
looking back to see where you have come from,
keep on stumbling over tree stumps,

getting grazed by the rough bark of oaks
and scratched by rust- or blood-red barbed wire,
remains of civilisation. And the more you turn
your head, slogging on, at the magnificent
sunrise motionless at your back above the distant

trees that rustle inaudibly, the more you
know: that waking with the freshness of Tahitian limes,
that paradise-like first bite of tropical

verrassing in een jasje van melkchocolade—
het verblindend prille komt niet weerom.

Wat doen we hier? Wat we niet doen
is opletten. Of is de afgrond onzichtbaar, of
bestaat er geen afgrond voordat je erin valt,
langs gladde steenwand suist? Het gaat
gezwind. In het gras naast de beek op de bodem

wacht God, zo blij als een moeder die al die
tijd thuis is gebleven, met 'n schaaltje pinda's,
sherry in het glas. En vanachter de bloeiende
bomen, eindelijk daar komen ze, de vermisten
voor wie je onmisbaar, die jij niet missen kon.

delight in a covering of milk chocolate—
the blindingly pristine does not return.

What are we doing here? What we are not doing
is taking heed. Or is the abyss invisible, or
is there no abyss until you fall into it,
shoot along a smooth rock wall? It happens
swiftly. In the grass by the stream at the bottom

God waits, cheerful as a mother who all that
time has stayed at home, with a bowl of peanuts,
sherry in the glass. And from beyond the flowering
trees, at last there they come, the missing ones
for whom you are unmissable, whom you could not bear to miss.

BEETHOVEN OP DE SCHAAL VAN BEAUFORT

spiegelgladde zee
geschubde golfjes, geen
schuim —

kleine golfjes, breken
niet, toppen hebben glasachtig aanzien —
kleine golven, toppen beginnen
te breken, hier en daar
schuim —

kleine, langer wordende
golven, vrij veel witte
schuimkoppen —

matige golven van grotere
lengte, veel witte
schuimkoppen —

grotere golven, brekende toppen, doen overal
witte schuimkoppen ontstaan, opwaaiend
schuim —
hogere golven, wit
schuim —
van brekende koppen in windrichting

matig hoge golven, toppen van
golven waaien af, goed ontwikkelde
schuimstrepen —
hoge golven, zware
schuimstrepen —

in richting van de wind, rollervorming, verwaaid
schuim —

BEETHOVEN ON THE BEAUFORT SCALE

Translated by John Irons

sea like a mirror
scaly ripples, no
foam—

small wavelets, do not
break, crests have glassy appearance—
small waves, crests begin
to break, scattered
foam—

small waves becoming
larger, fairly frequent
foam crests—

moderate waves of pronounced
longer form, many
foam crests—

larger waves, breaking crests, cause
white crests of everywhere to be blown
into froth—
taller waves, white
foam—
of breaking crests along the direction of the wind

moderately high waves, crests of
waves form spindrift, well-marked
streaks of foam—
high waves, dense
streaks of foam—

along the direction of the wind, roller-forming, driving
foam—

zeer hoge golven met overstort
golfkammen, zee krijgt
door schuim wit aanzien

buitengewoon hoge golven, zee bedekt met
schuim —
zicht sterk
verminderd

lucht met schuim
en verwaaid
zeewater gevuld,
zee volkomen
wit

door schuim, vrijwel
geen zicht —

very high waves with tumbling
wave-crests, sea takes on a
white appearance due to foam

exceptionally high waves, sea covered with
foam—
visibility strongly
reduced

air filled with foam
and driving
spray
sea completely
white

due to foam, practically
no visibility—

TOT GOD

God allemachtig, je kan me gestolen worden.
'k Heb jou niet lief en evenmin bemin ik het woord,
het vlees geworden, ferm gekneed en gaargestoofd
gehakt der schone poëzij. Al wat zich waarheid waant
en wil aanbeden, zal ik weerspreken

tot mijn tong verdroogt. Want ik ben dichter,
timmer gaten dicht en kieren, hamer schotten
tegen blikseminslag van het lot, sla spijkers
waar jouw donder dreigt, en vloek het gluipen
van de gifslang die jij zendt, o god.

Ik zal er staan, van aangezicht tot aangezicht
wanneer je duistre spiegel breekt; maar als David
met zijn slingersteen. Zolang ik duur, hoed ik
mijn hart, het wankel fort aan het ravijn dat jij
zo wonder schept—door slagen van je hand.

Ik baken wereld af, verweer me tegen overmacht
en roverlust: jij ratst gestaag de lieve levens
van wie mij lief zijn en met wie ik delen mag
de razernij om afscheid dat jij ons proeven doet
al in de eerste kus—jouw dood, jouw as, jouw roet.

TO GOD

Translated by John Irons

God almighty, I'd be well shot of you.
I love you not, nor do I love the word,
the now made flesh, well-kneaded, tender-simmered
meatball of fair poetry. All that would claim to truth
and fain be worshipped I'll refute

until my tongue be parched. For I'm a wordwright,
I work holes and fissures tight, hammer bulkheads
against fate's lightning strikes, sink nails
where your thunder threatens, and curse the wiles
of the deadly serpent that you send, oh God.

I shall stand there, face to face
when your dark mirror breaks; but as David
with his slingstone. As long as I last I'll protect
my heart, the shaky stronghold at the ravine you are
so wondrously creating—by scoops of your hand.

I mark off world, resist all higher power
and thieving urge: you filch the dear lives constantly
of all those dear to me and those with whom I like to share
the rage at leaving, the taste of which you've put
way back in the first kiss—your death, your ash, your soot.

ELLEN DECKWITZ

(1982)

———

ELLEN DECKWITZ started as a slam-poet and in 2011 was awarded the C. Buddingh' Prize for the best Dutch-language debut collection with *De steen vreest mij* (*The Stone Fears Me*). She has since published three collections of poetry, some about our apocalyptic world, and also writes short essays about poetry that earn her much acclaim.

DE GROOTVADER DIE IK NOOIT HAD

Mijn grootvader leidt me rond
in zijn urn, neemt mijn jas aan en hangt
hem naast het familieportret
en zijn geweer

terwijl ik schrijf:
hoe zijn rug zich recht,
de levervlekken lopen leeg.

Hij neemt me op schoot en vertelt me
over onze soort. Met de Hades in hun
aderen.

Hoe het gat tussen zijn ogen
zich vol met inkt zuigt en zich sluit.
Mijn grootvader lacht. Hij gelooft niet
dat er in mijn ballpointpunt
ook een kogel zit.

THE GRANDDAD I NEVER HAD

Translated by Astrid Alben

My grandfather gives me a tour
of his urn, takes my coat and hangs
it up next to the family portrait
and his gun.

Meanwhile I write:
how his spine straightens itself,
how the liver spots empty out.

He lifts me on his lap and tells me
about our kind. With the Hades in their
veins.

How the hole between his eyes
blots up the ink and closes.
My granddad laughs. He doesn't believe
my ballpoint pen also has a pellet
that can be shot.

DAGJE CIRCUS

Je gilde toen het licht uitging
en het grommen begon.

We wezen naar de gaatjes in het doek
dat het net sterren waren

en dat achter de schermen
de beesten veilig in kooien opgesloten zaten.

Die avond keek je omhoog
en veranderden de sterren in gaten.

Je dommelde in, enigszins onzeker
over het donker, de kooien erachter.

A DAY AT THE CIRCUS

Translated by Astrid Alben

You screamed when the lights dimmed
and the growling started.

We pointed at the small holes in the canvas
that they resembled the stars

and that backstage
the animals were safely behind bars in cages.

That night you looked up
and the stars morphed into holes.

You nodded off, somewhat unsure
about the darkness, the cages behind it.

HIJ ZEI WE MOETEN PRATEN

en ik zei okay, laat me even
mijn labello pakken, dat praat
een stuk makkelijker

en ik gleed nog voor hij doorhad
wat er aan de hand was in mijn tas.
Zonk naar de bodem, langs
mascara, doekjes, ons nog te
ondertekenen samenlevingscontract

en bereikte de bodem van mijn tas.
Daar nam ik plaats. En heel af en toe

staarde ik omhoog en zag een wanhopige
mannenhand naar me graaien. Die hand
noemde ik God.

HE SAID WE NEED TO TALK

Translated by Astrid Alben

and I said okay, just let me
grab my Labello, that'll make it
a lot easier to talk

and before he could notice
what was going on I slid into my handbag.
Sank to the bottom past
mascara, tissues, our as yet to be signed
partnership contract—

and reached the bottom of my bag.
That's where I sat down. And now and then

gazed up and saw a desperate
male hand groping for me. That hand
I called God.

ARJEN DUINKER

(1956)

ARJEN DUINKER studied psychology and philosophy. Besides some prose works, he wrote twelve volumes of poetry, starting with his debut, *Rode oever* (*Red Shore*). Many of his poems have been translated, one of them even in 220 different languages for a project called World Poem. In 2001 Duinker received the Jan Campert Prize for his volume *De geschiedenis van een opsomming* (*The History of an Enumeration*). *De zon en de wereld* (*The Sun and the World*) won the VSB Poetry Prize in 2005.

XXIV

Aan de ene kant staat het ding.
Aan de andere kant staat het mysterie.
Meer van het ding en het mysterie weet ik niet.

Hoe in naam van wat dan ook,
Hoe kan ik er meer van weten?
En dit weten is een klein weten, voeg ik eraan toe,
Een klein idee hoogstens, klein
In zijn gevolgen
Voor de tijd.

Als aan de ene kant staat het ding
En aan de andere kant het mysterie,
Is de wereld duidelijk.

De straat is de straat waarin ik vrienden tegenkom,
De bomen bloeien zoals zij moeten bloeien, met bloesems,
De wind waait wanneer zij wil,
En het gebrek aan meer weten
Dan dat aan de ene kant staat het ding
En aan de andere kant het mysterie
Is mij een onuitputtelijke bron van vreugde.

XXIV

Translated by Willem Groenewegen

On the one hand is the thing.
On the other hand is the mystery.
More of the thing and the mystery I don't know.

How in whatever name,
How can I know more about it?
And this knowing is a slight knowing, I must add,
A slight idea at most, slight
In its consequences
For time.

If on the one hand is the thing
And on the other hand the mystery,
The world is clear.

The street is the street where I meet my friends,
The trees flower as they should flower, with blossoms,
The wind blows when it wants to,
And knowing no more
Than that on the one hand is the thing
And on the other hand the mystery
Is an unfailing source of pleasure.

TERUGTOCHT

Soms zoek ik vroege rozen
In de woestijn van alledag.
Soms zoek ik late rozen
In de tuin van mijn jeugd.

En tussendoor ga ik soms
Nieuwsgierig naar het ezeltje
Dat tijdloos in zijn weiland staat.
Tot verdriet van de planoloog.
Tot ergernis van de golflobby.
Tot woede van het wegennet.

Ik wil van hem geen antwoord
Op mijn nutteloze vragen.
Voer slechts voor wolkendek
En loodkleurig water.

Ik wil van hem begrip noch klacht.
Zijn vale hoed kan me gestolen worden!
En evenmin heb ik behoefte aan een les
In soort en kwaliteit van gras.
Hij is het ezeltje, al is hij mager,
Dat de vooruitgang tegenhoudt.

Maar graag kreeg ik
Van hem een groet,
Een groet van rust, van verte
En nabijheid, geheime groet
Die in ons zou onthullen
De feitelijke roos voorafgaand aan de fantasie.

Sentimenteel. Grof.

RETURN JOURNEY

Translated by Willem Groenewegen

Sometimes I seek early roses
In the desert of the everyday.
Sometimes I seek late roses
In the garden of my youth.

And in between I sometimes go
Curiously to the little donkey
That timelessly stands in its field
To the sorrow of the town planner.
To the annoyance of the golf lobby.
To the anger of the road system.

I do not want an answer from him
To my useless questions.
Food only for cloud cover
And water the color of lead.

I want neither understanding nor complaint from him.
His faded hat can get lost!
Nor do I need a lesson
In kind and quality of grasses.
He is the little donkey, although skinny,
That prevents development.

I'd be only too happy
With a greeting from him,
A greeting of rest, of distance
And closeness, secret greeting
That would disclose in us
The factual rose preceding the fantasy.

Sentimental. Coarse.

OUD EN NIEUW

Er zijn mensen die zeggen
Dat alles om de economie draait.
Dus ook vlo, vlooienplaag, maan.

Er zijn mensen die zeggen
Dat alles om de liefde draait.
Dus ook geit, geitenmelk, wind.

Omdat ik dat alles niet begrijp
Met mijn toevallige logica,
Omdat ik het evenmin begrijp
Met andermans redeneringen,
Laat staan met een definitief brein,
Neem ik me voor, serene geste,
Het verlangen naar begrip
Op zolder te leggen.

Er zullen mensen zijn die zeggen
Dat alles om begrijpen draait.
Dus ook vlooienplaag. Dat is in orde.

Er zullen mensen zijn die zeggen
Dat alles om het unieke draait.
Dus ook vlo. Bewijs van goed gedrag.

Er zullen mensen zijn die zeggen
Dat alles bij het oude is gebleven.
Dus ook de toekomst. Het spijt me.

OLD AND NEW

Translated by Willem Groenewegen

There are people who say
It all revolves around the economy.
So also flea, plauge of fleas, moon.

There are people who say
It all revolves around love.
So also goat, goat's milk, wind.

Because I don't understand it all
With my coincidental logic,
Because I understand as little
From another's discourses,
Let alone with a firm brain,
I intend, o serene gesture,
To shelve the desire
For understanding.

There will be people who say
It all revolves around understanding.
So also a plague of fleas. That's fine.

There will be people who say
It all revolves around the unique.
So also the flea. Proof of good conduct.

There will be people who say
It has all stayed exactly the same.
So also the future. I'm sorry.

ELMA VAN HAREN

(1954)

———

ELMA VAN HAREN studied at the Art Academy in 's-Hertogenbosch. In 1988 she made her debut as poet with *Reis naar het welkom geheten* (*Called Travel to Welcome*). She won the very first C. Buddingh' Prize for this collection of poems. She wrote several volumes of poetry afterward and in 1997 received the Jan Campert Prize for *Grondstewardess* (*Ground Stewardess*). She also writes poetry for children and is active as a painter.

HET BREKENDE

Het klonk op in een luid RINKELDEKINKEL.
Geen blik of glas, maar het woord,
    uitgesproken door een laconieke stem.
Taalkopstootje: Breek uit!
                Baan je naar buiten!
Luid gelach en toen

sprongen de sterren al in mijn
alom beleefde tegenwoordigheid.
    Juist wat ik wou voor mijn verjaardag.
    Een Rinkeldekinkel.
                  Precies zo!

Ik schudde de duiven van me af, die me ingesloten hielden
in hun gevederde kamers.
Hun gekoer echoënd tegen de wanden.
In elke klank een trechter naar een woord,
    naar het corresponderende beeld.
Duiventaal (koerenboerenouwehoeren),
die me wilde smoren in de donzen duiventil.
Ik, uitbrekend van nature,
    riep RINKELDEKINKEL
om het strekken, de lengte
— denderende trein in de roodgrijze avond —
door te kunnen laten daveren
                        zijn eigen ruimte in.
Met galmende oren van diep duivengeklok en
samengeknepen lippen, blauw als
    na het eten van bijvoorbeeld
    oneetbare bessen uit diep Congo,

rinkelde
    hinkelde

BREAKING

Translated by David Colmer

It gave off a loud SMASH-CLATTER.
Not tin or glass, but words,
    spoken in a laconic voice.
Linguistic double shot, Break out!
                Force your way out!
Loud laughter and then

the stars shattered in my
invariably polite presence.
    Just what I wanted for my birthday.
    A Smash-clatter.
        It's perfect!

I shook off the pigeons stifling me
in their feathered chambers.
Their cooing echoing off four walls.
Every sound a funnel to a word,
    to the corresponding image.
The language of pigeons (cooingpoohpoohingboohooing),
trying to smother me in their downy dovecote.
I, a natural breaker-outer,
    called SMASH-CLATTER
to let the extent, the length
—hurtling train in the greyish-red evening—
go thundering through
                into its own space.
With ears ringing from the pigeons' deep gurgling and
lips pinched, as blue
    for example as after eating
    inedible berries from the deepest Congo,

I clattered
      shattered

nieste ik mij naar buiten.
Woog lichter vloog over,

het Rinkeldekinkel bestand tegen de
als tevreden meikevers de wereld in ronkende
minzame knikjes, klopjes op de schouder,
kneepjes in de wang.
Tegen fidele falderalderie,
Brallen & Bauwen, mij toegeworpen
met dik sproeisel van zwart speeksel,
als zat de pest in dat brouwsel.
En liefje,
die zwarte gaten in je glimlach hebben
niets van doen met de staat van je gebit.
Dus rinkeldekinkel ik ook bij jou!

　　　　　　　sniffed my way out.
Weighing lighter flying over,

my Smash-clatter immune to the pats on backs,
condescending nods, tweaks of cheeks
　　　that buzz off into the world
　　　like complacent May beetles.
Immune to jolly folderol,
　　　Bluster & Bluff, tossed my way
　　　with a thick spray of black saliva,
　　　as if the brew were plague infested.
And sweetheart,
　　　　　　　those black holes in your smile
　　　　　　　have nothing to do with the state of your teeth.
　　　　　　　So I'll smash-clatter you too!

ER WAS EENS . . .

Zuiver belletjesschrift; zeepbel,
                    tinkelende bellenblazerij.
De lucht vol grijze vochtigheid,
een nevellucht boven blauwe velden met
          een gloeiende kern van aandachtig licht
          dat probeert door te breken.
Dan vallen er gaten in de lucht, verglaasd van kou,
elke glinstering om je heen een brandend wit.
Zeepbellen, samengebald tot iets dat zich op wil richten;
          een messcherpe gedachte,
            zonder hart en tong en handen.

Die 's nachts door het open raam
langs je gezicht komt waaien als een vrieskou,
waarin een brandgeur hangt.
                        Indringend.
Een ijskoude brandlucht.
Ergens moet vuur woeden, ergens
stijgt een kolom hitte op die niet meer kan dalen,
          vanwege de koude zware lucht eronder.

De dag daarop voel je een PING!
als je in iemands ogen kijkt en
          de kassa springt open.
Daar ligt al het goud en zilver te rinkelen.
Je kan het zo pakken, maar het vervaagt,
wanneer het in je handpalm ligt,
          want licht in de morgen is dik en wit
          met onverbloemd zicht op wat levend is.

Nu probeer je er alleen 's nachts naar te raden.
Je kunt het ruiken, je meent dat het beweegt.
Donker is heimelijk en al wat
steels is maakt het steelser

ONCE UPON A . . .

Translated by David Colmer

Words bubbling up; froth,
                glistening bubble-blowing.
The air full of grey moisture,
a misty sky above blue fields with
      a glowing core of careful light
      trying to break through.
Then holes appear in the sky, cold-glazed,
every gleam around you burning white.
Soap bubbles, condensing into something that tries to rise;
      a razor-sharp thought,
        without heart or tongue or hands.

Blowing in through the open window at night
brushing your face like an Arctic chill
carrying the smell of smoke.
                Stinging.
An ice-cold smell of burning.
Somewhere a fire must be raging, somewhere
a column of heat is rising and cannot descend,
      trapped by heavy freezing air beneath.

The next day you feel a PING!
when you look someone in the eye
      and the cash drawer flies open.
All the gold and silver is lying there jingling.
It's yours to grab, but dims
on your palm,
      because morning light is thick and white
      with an unvarnished view of what's alive.

Now you try to keep your guessing to the night.
You can smell it, you think it moves.
Darkness is furtive and makes
everything stealthy stealthier

(en angsten scherper, pijn gemarmerd),
        maar dit grenzeloze tovert de ruimte open,
        wijd en weidser en al wat je ooit voor ogen zag,
        of in je handen had of dacht of sprak,
        zal onbesproken blijven,
                want plaatsgevonden heeft het niet.

(and fears sharper, pain marbled),
      but this boundlessness breaks the spell of confinement,
      vast and vaster and all the things you ever saw,
      or held in your hands or thought or said,
      will remain unspoken,
            because they haven't taken place.

SUMATRAKADE

Een zwierlichaam doch gesteven,
                     een zekere uitgestorvenheid;
zoiets als
dat de vraag of God bestaat
het bestaan bevestigt van de mens(heid
       (heel dat heikele 'heid'))
       kortom,
een plechtig stenen swingen naast een water
dat zijn geschiedenis boven water vraagt
met al die stukslaande schuimkoppen op
de singsong-namen:
       Marong Serang Bogor Kraton.

Met kruidigheid in struikpartij
       een zwierlichaam in de wolken,
dat modern grinnikend uithaalt
naar her en der verspreid mensdeel:
         jogger, oranje hemd rond het middel,
            zonnige schenen,
        lijn 42, voortstuivend
en stip op de kade,
        ik, naast meerpaal 32,
        met de onmogelijkheid eromheen te draaien:
          welke schutkleur is de mijne?

Maar niet raden naar wat ik niet zie
(roerloos die woongebieden).
Al wat binnenin plaatsvindt,
volgen als naar een 'ginder' dat
verder wil lopen
        om er ter plekke aft e vallen. Daar,
        waar je tenen krullen om het water en
        het land klinkt met de zee.

SUMATRA WHARF

Translated by David Colmer

A dancer's body yet starched,
                    deserted somehow;
something like
the question as to whether God exists
confirming the existence of human(ity
          (that bitty 'ity' state of being))
          in short,
solemn brick swinging beside the water
that asks about its history
with every wave that breaks
on the singsong names:
          Marong Serang Bogor Kraton.

With a spiciness in shrubbery
          a dancer's body in clouds,
swiping with a modern chuckle
at the intermittent human beings:
          jogger, orange shirt round waist,
                    sunny shins,
          the no. 42, racing along,
and me, a dot on the wharf,
          next to bollard no. 32,
          with no way of getting round it:
                    which colour is my camouflage?

But not to guess at what I don't see
(unstirring residential zones).
Following all that happens inside,
to a "yonder" that wants to walk further
and fall off the edge.
          There, where your toes
          curl at the water and the land
          clinks glasses with the sea.

Van grijsgroen en het hele scala daartussen;
        aquarelgevels, 's mensen wajanggedaantes,
        hoogrozige speldenpuntstraling per
        bewoonde vierkante meter, lichtblauwe
        geluidsspanne over de daken en
        al wat er nog te bespeuren valt;
        paarlemoer vlootweer (maar vandaag zonder boten)
        oker ontastbaar violet onhoorbaar en
        kippenvelpurper prikkelbaar,
        lading die ooit op de kade lag en
geratel gezwoeg gelach geruis gekraak gesjouw geschreeuw gescheld
gefluit geschater gekir gehinnik gehuil gesnauw geblaf gezweet
tot groengrijs weer aan toe,

        met een achteloze zwiep bij de inhoud gevoegd,
        sta ik naast meerpaal 32 er net zo gekleurd ingedraaid,
                        maar
                                in stilte.

Stad,
        je hebt me nij de kladden
                        op de kade.

From greyish-green and the whole range in between;
       watercolour facades, people's shadow-puppet shapes,
       rosy-red pinpoint radiation per
       inhabited square metre, light blue
       sound arching over roofs and
       everything else there is to feel;
       mother-of-pearl fleet weather (but no boats today)
       ochre inviolable violet inaudible and
       goosebump-purple irritable,
       cargo that once lay on the wharf and
rumbling toiling laughing rustling creaking lugging yelling swearing
whistling rollicking cooing whinnying crying snarling snapping sweating
all the way to greenish-grey,

       added with a nonchalant swish to the contents,
       I stand next to bollard no. 32 engulfed by just that colour,
              but
                   in silence.

City,
       you've got me by the scruff of the neck
                    on the wharf.

Ingmar Heytze

(1971)

INGMAR HEYTZE started writing poetry at a young age; his debut, *Alleen mijn kat applaudiseert* (*Only My Cat Applauds*) appeared when he was only nineteen. Since then he has written several volumes of poetry, and he also acts as a columnist for several magazines and newspapers. From 2009–2011 he was Poet Laureate of the city of Utrecht. In 2008 he received the biannual C.C.S. Crone Prize.

WIE IK KEN EN WAT IK WEET EN WAT ER IS

Ik ken een vrouw die eigenlijk een perzik is,
met een zoete mond. Het zijn heerlijke nachten.

Ik weet een manier om de aandacht te vragen
door ergens te gaan staan en doen of je
onzichtbaar bent. Dat kan ik
je wel leren, als je wilt.

Er is ook een meerval die misschien
een zanger is, maar dat gaat mis, ben ik bang,
want de winter komt eraan en ik heb nog
geen noot van hem gehoord,

maar boven dat alles ken ik een vrouw
die eigenlijk een perzik is, met een zoete mond,
fluwelen handen en ogen als meren vol sterren,
wimpers als vlinders en oren als hondjes of
poezen in mandjes, ronde trappenhuizen,
ammonieten, tedere wervelstormen.
Het zijn heerlijke nachten.

WHOM AND WHAT I KNOW AND IS

Translated by Maartje Grooten

I know a woman who is actually a peach,
with a sweet mouth. The nights are a delight.

I know a way to draw attention
by standing around somewhere pretending
you are invisible. I can teach you,
if you want.

There is also a sheatfish that might be
a singer, but that goes awry, I fear,
for winter's coming and I've yet
to hear a single note from him,

but overall I know a woman
who is actually a peach, with a sweet mouth,
with velvet hands and eyes like seas of stars,
butterfly lashes, ears like puppies or
kittens in baskets, spiral staircases,
ammonites and tender twister storms.
The nights are a delight.

VOOR DE LIEFSTE ONBEKENDE

'Wie van ons twee heeft de ander bedacht?' —Paul Éluard

Wat ben ik blij dat ik je nog niet ken.
Ik dank de sterren en de maan
dat iedereen die komt en gaat
de diepste sporen achterlaat, behalve jij,
dat jij mijn deuren, dicht of open,
steeds voorbijgelopen bent.

Het is maar goed dat je me niet herkent.
Kussen onder straatlantaarns
en samen dwalen door de regen,
wéér verliefd zijn, wéér verliezen,
bijna sterven van verdriet—
dat hoeft nu allemaal nog niet.

Ik ben nog niet aan ons gehecht.
Ik kijk bepaald niet naar je uit.
Neem de tijd, als je dat wilt.
Wacht een maand, een jaar,
de eeuwigheid en één seconde meer—
maar kom, voor ik mijn ogen sluit.

TO THE DEAREST UNKNOWN

Translated by Maartje Grooten

"Which of the two of us invented the other?" —Paul Éluard

I am so glad I do not know you yet.
I thank the stars, I thank the moon
that everyone who comes and goes
leaves such deep tracks, except for you;
my doors, whether they're closed or open,
I am glad you always pass them by.

A good thing you don't recognise me.
Kissing on the lamplit streets,
wandering through the rain together,
love again and lose again,
almost drowning in our sorrow—
Not today. Or even tomorrow.

I'm not yet attached to us.
I do not long for you at all.
Please feel free to take your time.
Wait another month, a year,
Eternity, one second more—
but come, before I close my eyes.

BERICHT AAN DE REIZIGERS

They open and close you
then they talk like they know you
they don't know you
     —Joni Mitchell

Er zit een zee in mij en dat ben ik.
Ik heb mezelf al tien jaar niet gezien.
Wanneer ik naar mij toe reis, keer ik
halverwege onverrichter zake terug.
Iemand zegt dat ik er eindelijk eens
om zou moeten huilen, maar waar
laat een zee zijn tranen? Iemand
anders is jaloers. Hij zegt: 'Jij hebt
tenminste een verhaal.' Schuim
drijft door zijn blikveld. Ik herhaal:
de zee heeft geen verhaal.

Er zit een verre stad in mij. Daar
moet ik heen. Maar alles is zo lang
geleden en misschien, als ik er ben,
loop ik wat rond, zie niets, herken
geen mens en huilt mijn heimwee
even hard. Er ligt een land in mij,
daar kon ik vroeger reizen maar het
werd te klein, het ligt in groene tegels
tussen asfaltwegen, ieder plein onder
de hemel is zo leeg, ik waai steeds
weer terug naar huis.

De tijd, de zee, de stad, het land
de hemel en de pleinen zijn er
dag en nacht, ik moet eens lekker
weg in eigen hoofd maar altijd reis

NOTICE TO TRAVELLERS

Translated by John Irons

> They open and close you
> then they talk like they know you
> they don't know you
> —Joni Mitchell

Within me there's a sea and that is me.
It's ten years now since I last saw myself.
Each time I journey to me, halfway there
I turn around and come back empty-handed.
Somebody says it really is enough
to make me weep, but where
can a sea shed tears? Somebody else
is jealous. He says: "You at least
have got a story." Foam floats
through his field of vision. I repeat:
the sea has got no story.

Within me there's a distant city. That's
where I must go. But everything is long
ago and maybe, when I'm there,
I'll walk around, see nothing, fail to recognise
a soul and homesickness will wrack me
just as much. Within me there's a country
I could travel to, before it
got too small, it lies in green tiles
between asphalt roads, each square beneath
the sky so empty, I keep on
getting blown back home.

Time, sea, city, country,
sky and squares are there
both day and night, someday I'll sail
away inside my head but always

ik met mezelf mee en ik ben klaar
met het gedrein: niet in de trein,
niet met de bus, alleen naar
Halverwege Onverrichter Zake
en terug—niemand kan zo groots
vergaan als ik. Er zit een zee
in mij en ik verdrink.

I travel with myself and I refuse
to whine point-blank: not in the train,
not on the bus, my sole trip's plain—
to Halfway-There, to Empty-Handed
and return—no one can perish
so imposingly as me. There is a sea
in me in which I drown.

ESTHER JANSMA

(1958)

———

ESTHER JANSMA made her debut with *Stem onder mijn bed* (*Voice under My Bed*) and has since then published nine more volumes, sometimes mixing prose and poetry. The fifth one, *Hier is de tijd* (*Time Is Here*), won the prestigious VSB Poetry Prize. In daily life she is an archaeologist, director of the Center for Dendrochronology.

KLEINE DROOM

open de deuren
veeg de woorden
uit het huis—verbaasd

rechtop in de lange
kano van zijn slaap
vaart hij jouw licht in.

bloed, harteklop,
open en dicht gaan
tussen je handen

warmte ademende
vaas van ribben, bloei-
wijze, vlucht ronde

geluidjes zachte
regen en een kleine
rode o

SMALL DREAM

Translated by Francis R. Jones

open the doors
sweep the words
out of the house—amazed

up straight in the long
canoe of his sleep
he drifts into your light.

blood, heartbeat,
opening and closing
between your hands

heat-breathing
vase of ribs, in-
florescence, flight of

small round sounds, gentle
rain and a little
red o

ARCHEOLOGIE

Als we ons dan toch moeten kleden,
tegen kou bijvoorbeeld, of in naam van iets,
in resten van dit of dat verleden,
verhalen en geheugensteuntjes die niets

vertellen dan dat we er al waren
in de tijd die bestond voor dit heden--
als wij onszelf alleen in het nu kunnen bewaren
door onszelf voortdurend uit te vinden in het nu

dan liefst eenvoudig, aan de hand van kleding.
Je zit aan tafel. Opeens zie je hoe iemand
ijs overstak, hoe hem de kou beving

of een ander einde en je zegt: kijk,
hier heb je zijn schoenen, leren mantel, wanten.
'Waar is de tijd? Hier is de tijd.'

ARCHAEOLOGY

Translated by Francis R. Jones

If we have to dress when all is said at last
against the cold or in something's name
in what remains of this or another past
tales and aides-memoire which simply claim

that we were here and nothing more
in time which existed before today—
if we can only stay in this now for sure
by continually inventing ourselves in this now

let's keep it simple, by using clothes.
You sit at table. You suddenly see
someone crossing ice, and how the cold

or some other end overcame him and you say: look
here you have his mittens, shoes, and leather cloak.
"Where is time? Time is here."

AARDAPPELEN ZIJN BELANGRIJKER DAN ROZEN

behalve in gedichten, daar zijn rozen belangrijker
terwijl het een misverstand is te denken dat knollen

die knobbelige buidels en buikjes vol zetmeel
lyrisch minder geschikt zouden zijn

dan plantaardige geslachtsorganen.
Stel: iemand, vernoemd naar een bloem, zit in de grond.

Door dus. Niets lieflijks aan. Ze valt uiteen.
Geef mij dan aardappelen maar, die stinken niet.

Hoewel? Stel: iemand naar wie een aardappel genoemd is
zit in de grond. Die heeft behalve haar staat

dus ook haar naam tegen. Kun je toch beter roos heten.

POTATOES ARE MORE IMPORTANT THAN ROSES
Translated by Francis R. Jones

except in poems, there roses are more important
whereas it's a delusion to think that tubers

those knobbly starch-packed paunches and pouches
are somehow less lyrical

than vegetable sex organs. Suppose
someone named after a flower is in the ground.

Dead that is. Nothing pretty there. She's decomposing.
I'd sooner stick to potatoes, they don't stink.

And yet—suppose someone who gave her name to a potato
is in the ground. Not only her state but even her name

would be against her. You're better called rose after all.

HESTER KNIBBE

(1946)

—

Since her debut in 1982, HESTER KNIBBE has published a dozen volumes of poetry, all of them in a more classical vein: themes from Greek mythology and motives from far and old cultures are prominent in her work. In 2015 she won the VSB Poetry Prize with *Archaïsch de dieren* (*Archaic the Animals*); she also was appointed as the Rotterdam City Poet Laureate.

Ik neem de hersens de tong en de wangen,
zei eentje, maar het hart gooi ik weg.

Wij zwegen onthutst, liepen de rest
van het lijf na, deelden ons verder niet

mee. Gingen de volgende ochtend de berg op
om voedsel te zoeken, vonden oneetbaar.

Toen hebben we een onschuld geslacht.
We lieten hersens tong en wangen
intact, namen het hart.

Translated by Vivien D. Glass

I take the brains the tongue and the cheeks,
one said, but I throw away the heart.

We were stunned into silence, went over the rest
of the body, keeping our thoughts to

ourselves. Climbed up the mountain next morning
to look for food, found inedible.

Then we slaughtered innocence.
We left brains tongue and cheeks
intact, took the heart.

DELPHI

Het hek staat open en het pad omhoog
ligt dichtbezaaid met bijgeloof en zon. Wij
hangen tas en fototoestel om. Het dunne
zand dat zich in huiden vlecht, verlaat

met ons de plek. We kwamen hier terecht
via herinnering en een getaande hoop;
er zouden tempels, het gezang klonk hoog.

Restanten steen in slagorde van dood
wijzen ons bot terecht. Noch god noch
muze zij geloofd, Apollo is verdwenen.
Men heeft een koord rond het gemis gelegd.

Lang, blond, gebronsd zo had ik hem gedacht,
zeg ik. Je lacht, dwaalt af naar waar een
vage boog je in de oudheid mengt.

En een moment buig je de eeuwen
om, word je de speler die me juist
verliet, speel je het oudste, wreedste
spel: *ik wil je wel ik wil je niet.*

DELPHI

Translated by Jacquelyn Pope

The gate stands open and the path upward
has been studded with superstition and sun. We
strap on bag and camera. The thin
sand that plaits itself into skins leaves

the spot with us. We got here
by memory and tarnished hope:
there'd be temples, high-sounding hymns.

Remnants of stone ordered in the array of death
bluntly set us straight: neither god nor
muse is praised, Apollo has vanished.
Someone has roped that loss off.

Tall, blonde, bronzed—that's the way I pictured him,
I say. You laugh, wander off where
an indistinct arch blends you into antiquity.

And for a moment you alter the centuries,
become the player who just left me,
you play the oldest, cruelest
game: *I love you I love you not.*

HONGERPOTTEN

Ontstond in de keuken een ruzie die morgen?
Werd er grof met de potten gesmeten: als jij
ergens anders wilt eten, ga je je gang maar

daar! Of zijn ze uitgekookt buitengezet
om stof en honger te vreten of vredes
duiven te lokken: niks aan de hand zolang
de kok bij een ander vuur hokt. Holle

vaten op grassokken, wat moeten ze in die
puzzel van bomen en wolken; zelfs de wind
lijkt het fluiten verleerd en waar je ook
tuurt, wie weg is wordt niet gezien.

Bronzen stilte staat ze hier tot de lippen; o
laat hun buiken galmen als klokken, ransel
met pollepels, stokken, de duivelse
dood uit de potten!

HUNGERPOTS

Translated by Jacquelyn Pope

Did an argument break out in the kitchen that morning?
Was there smashing of pots and pans: you
want to eat somewhere else? Go on,

get out! Or were they set outside, shrewd,
meant to feed on dust and hunger or to tempt the doves
of peace? Nothing wrong with that as long as
the cook stays put by another fire. Hollow

vessels on grass socks, what do they want from this
puzzle of trees and clouds? Even the wind
seems to have forgotten how to whistle and wherever
you look, those who are gone cannot be seen.

They're steeped to their lips in bronzed silence. O
let their bellies chime like clocks, whack
with ladles and sticks, drive devilish
death out of those pots!

LIEKE MARSMAN

(1990)

—

LIEKE MARSMAN, youngest poet of this anthology, debuted at the age of twenty with *Wat ik mijzelf graag voorhoud* (*What I Like to Impress on Myself*), which a year later earned her both the C. Buddingh' Prize and the Lucy B. and C.W. van der Hoogt Prize. Since then she has written three more volumes of poetry, in addition to some prose works, all of them about personal as well as political issues. In 2021 she was appointed Poet Laureate of the Netherlands.

BROERTJE

Er zijn verschillende manieren waarop
je iemand kunt ophalen van zwemles en
te laat is er één van. Maar je kunt tijdens
het wachten je haren vast laten drogen, je bedenken
hoe je die haren morgen bij de kapper laat knippen, of
eigenlijk niet wil laten knippen. Want misschien
komt er een dag waarop er geen haren meer zijn om
geknipt te worden en zul je met je kale hoofd
zitten wensen dat je nog eens niet naar de kapper
willen kon. Dan heb je koffietanden en
koffieadem en bovenal voortdurend zin
in koffie. Je zult niet langer een aparte doelgroep
zijn, maar bent gewoon: het gros. Wellicht

dat je vrienden zullen roepen dat ze een varken
aan het spit willen hangen, terwijl jij het liefst
het woordje tofoe op je hoofd zou laten tatoeëren.
Of zou je zelf toch liever ook een slagersmes hanteren?

In ieder geval zul je, als het beest zijn rondes draait
boven een vuur dat je voeten warm houdt, eindelijk begrijpen
hoe pijn werkt. Dat voor iedere keer dat pijn
het einde van je huid benadrukt, iemand anders' lichaam
warmer aanvoelt. Dat pijn niet in het vlees zit
dat zichzelf niet meer wil zijn, maar wel in het vel
daaromheen, dat zegt: ik geef het op. Ik verkleur
en hang in losse repen rond mijn lijf.

Maar maak je vandaag nog maar
geen zorgen, broertje. Als je wacht,
gaat de tijd langzaam. Sta voor nu
nog maar even met een cafetariasnack

LITTLE BROTHER

Translated by Sophie Collins

There are a few different ways you can
pick someone up from swimming lessons
and too late is one of them. But while waiting
you can always dry your hair, think about
going to the hairdressers tomorrow, or how
you don't want to go to the hairdressers tomorrow. Because
maybe there'll come a day when there are no longer
any hairs to be dressed, and you'll be sitting there
with your bald head wishing that you could
not want to go to the hairdressers again. By that point
you'll have coffeeteeth and coffeebreath
and an unquenchable desire for more coffee. You'll no longer
be a member of a specific target audience
but just one of the masses. It could be

that your friends call to say they're going to put a pig
on a spit, while you would rather tattoo
the word tofu on your forehead. Or perhaps
you'll also want to handle a butcher's knife?

Either way, as you're watching the animal's
round body turning over the fire, you'll begin to understand
one thing: how pain works. That every time pain
touches your skin, somebody else's body
feels warmer. That pain does not exist in flesh
that no longer wants to exist, but is present in the skin
that surrounds it, the skin that says, "I give up,"
and discolours, hanging loosely on the body.

But don't worry about all this today,
little brother. When you wait,
time goes slowly. For now just stand there
for a minute with a cafeteria snack

in je hand te kijken hoe het eind
van de straat het eind van de straat
zonder mensen blijft. ·

5

in your hand and look at how the end
of the street is the end of the street
without people.

IDENTITEITSPOLITIEK IS EEN MODEGRIL, ZEG`JE

Modegrillen vormen onze identiteit, zeg ik,
voortgekomen uit politieke besluitvorming
en diep verankerd in wie we zijn
zijn mode en hypes de aanknopingspunten,
de laatste reddingsboeien
in het golfslagbad ven onze mediacratie

Bovendien ben ik zo bang dat ik verdwijn
dat ik bereid ben alles aan te grijpen.
Bestaat er sjoemelsoftware
voor een langer leven?

Bestaat er een manier
om te gillen en daarmee
iedereen de mond te snoeren, tegelijkertijd
duidelijk te maken
dat ik broodnodig behoefte heb
aan lotgenotencontact?

We zijn allemaal lotgenoten, zeg je,
we hebben allemaal te veel contact.

IDENTITY POLITICS ARE A FAD, YOU SAY

Translated by Sophie Collins

And I say, fads are our political identity
Manifestations of our political choices
deeply rooted in who we are
fads and trends are the gateways
the last available lifeboats
in the artificial wave pool of our image-centred age

And I am just so scared of disappearing
that I am prepared to grasp onto anything
Is there a hacktivist
who could interrupt mortality?

Is there a way
to let out a single scream
without anyone feeling the need to respond, while
at the same time making it known
that I desperately need to hear
from other sufferers?

We are all sufferers, you say,
and we already hear far too much from one another.

DE VOLGENDE SCAN DUURT MINDER DAN EEN MINUUT

's middags zijn er
Eurosport-herhalingen
van Alpineskïen
mede mogelijk gemaakt door
Jack Wolfskin en Milka
ik ben die merken dankbaar
ze faciliteren het rustmoment in mijn dag

's avonds is er het geluk
dat ik zo veel van Simone kan houden
juist omdat de dag me soms zo uitput

kanker is so alledaags
je hoort het op woensdagochtend
je sterft op een dinsdagmiddag
geen stroboscopen
geen garderobefiches
de zon schijnt
een doodgewoon waterig zonnetje
boven de A10
afslag Praxis

THE FOLLOWING SCAN WILL LAST LESS THAN A MINUTE
Translated by Sophie Collins

afternoons are
Eurosport replays
of alpine skiing
sponsored by Jack Wolfskin and Milka
brands to whom I am grateful
for facilitating this daily moment of calm

evenings are the joy
I take in loving Simone as much as I do
especially in the face of this overwhelming exhaustion

cancer is so quotidian
you hear about it on Wednesday morning
die on a Tuesday afternoon
no strobe lights
no cloakroom check-in
the sun is shining
a completely ordinary insipid sun
above the A10
and the exit for Praxis

ERIK MENKVELD

(1959–2014)

ERIK MENKVELD, who attended primary school in Tanzania and Ghana, debuted in 1997 with *De karper simulator* (*The Carp Simulator*), which earned him the Lucy B. and C.W. van der Hoogt Prize. Three more volumes of poetry followed, until in 2014 he suddenly died. He was a publisher for the Dutch house De Bezige Bij and also served as programmaker of Poetry International in Rotterdam. Besides poetry he also wrote prose, in particular a novel, *Het grote zwijgen* (*The Great Silence*), about the composers Matthijs Vermeulen and Alphons Diepenbrock.

STROOM

Oké we gaan er nooit met onze vingers in
ook niet met breinaalden schroevendraaiers spijkers
levensgevaarlijk oké maar de stroom in die gaatjes
wat is dat dan je ziet hem niet leg eens uit.

En dus barnsteen wrijven haren overeind of nee
magneten kennen jullie als je die laat draaien in een spoel
een spoel zoals je een veter om een potlood wikkelt
maar dan koperdraad en zonder potlood koperdraad ja

enfin oké goed lange rijen balletjes in buizen dan
stroomsnoeren zeg maar snappen jullie balletjes
die spanning overdragen aan elkaar zoals ik
jou een hand geef en jij haar dan knijp ik

in jouw hand en jij knijpt in de hare als je mij voelt
knijpen eigenlijk stroomt het knijpen door ons heen
met stroom gaat het net zo al is het daar geen knijpen
spanning snappen jullie? Nee? Hoe werkt tv?

CURRENT

Translated by Willem Groenewegen

Okay we never stick our fingers in there
not even using knitting needles screwdrivers or nails
totally lethal okay but the current in those little holes
so what is that you can't see it please explain.

And so rub amber hair on end no wait
you all know magnets when you let them turn in a coil
a coil like when you wind a shoelace round a pencil
using copper wire and without the pencil copper wire right

anyway okay good long rows of little balls in tubes
live wires in other words you see those little balls
that transfer tension from one to the next like when
I shake your hand and you shake hers and then I squeeze

your hand and you squeeze hers then when you feel me
squeeze it's actually the squeezing running through us
the same goes for a current but without the squeezing
tension do you see? You don't? How does a TV work?

KOOR VAN ONGEHOORDE WAAIBOMEN

Nu we kozijnen zijn
in deze keuken, kijken
ze wel naar de leuke
overbuurvrouw op haar
balkon of een bescheiden
lijnvlucht die over komt,
maar niet naar ons
die alles omlijsten.

En nu we planken zijn
in deze vloer, horen ze
ons voor geen meter,
terwijl wij bij de minste
beroering vervaarlijk
kraken en zij tijdens
koken of woorden tal
van voeten verplaatsen.

Zelfs nu we tafel zijn
waar ze aan eten met onze
poten tussen hun benen
en onder hun blote handen
ons hout, zijn we vergeten:
gesprekken voeren ze aan ons
en kinderen die van geen
witlof willen weten.

Maar allemaal hebben we
blad gedragen, tegen
wilde luchten de wind
in ons tekeer voelen
gaan. En onder sommige
van ons is daar naar
geluisterd en diep
in gedachten gestaan.

CHORUS OF UNHEARD INFERIOR TIMBER

Translated by Willem Groenewegen

Now we're the window case
here in this kitchen, they
look at the pretty
neighbour opposite
on her balcony or a
modest scheduled flight
passing above, but not
at us, who frame it all.

And now we're the boards
in this floor, fat chance
they'll hear us either,
even though we creak quite
loudly at the merest
touch and they displace
quite a few feet while
cooking or having words.

Even now we are
the table they eat at with
our legs between their own
and our wood under
bare hands, we've been forgot:
they chew the fat at us
and their children sprouts
they want to go without.

But we've all put forth
our leaves, against wild
skies have felt the wind
rage inside us. And
below a few of us
were listened to and
pondered standing still.

OUDE BOXER

Zeult zich als een veel te vol
gepakte koffer de salonkamer in,
kwispelt koket met zijn vleeskroket,
draait om zijn as
en nog een keer
gaat liggen op de smyrna

en een jaar of dertig later
weet ik niet waar ik hem zag
op welke visite, bij wie,
alleen dat hij me aankeek
tot ik dacht: ik had hem makkelijk
kunnen zijn, en niet alleen
hem, dat kleed ook,
die clubfauteuil,
dat teakhouten buffet . . .

AGING BOXER

Translated by Willem Groenewegen

Hauls himself much like an overfull
suitcase into the drawing room,
coquettishly wags his meat croquette,
spins on his axis
does it again
lies down on the smyrna

and some thirty years later
I don't know where I saw him
at which occasion, with whom,
only that he looked at me
until I thought: I could have easily
been him, and not just
him, that carpet too,
that club chair,
that teak buffet . . .

K. MICHEL

(1958)

———

K. MICHEL, who is a full-time writer, made his debut in 1989 with *Ja! Naakt als de stenen* (*Yes! Bare as the Stones*). Since then he has written several volumes of poetry and even some prose and plays. *Waterstudies*, from 2012, earned him the Herman Gorter Prize as well as the VSB Poetry Prize. For a while, he was one of the editors of the important literary magazine *Magazin Raster*.

Grote rivier! Draai om!
Stroom terug naar de bergen
Vertrouw het laagland, de steden niet.
Hier regeren boze krachten
Hier wordt iedere bocht recht gesneden.

De wind is oker en verstikkend
Het tarief domineert alles
En de velden zien groen van het gif.

Draai om! Neem me mee!
Ik speel accordeon
Ik kan de kaart lezen.

We gaan tot boven de boomgrens
Ik bouw een hut.
We luisteren naar de stilte
We prijzen de lucht.
En 's nachts tellen we de satellieten.

Geen tijd te verliezen.
Avanti kameraad!

We vergeten de vaandels
De grote woorden, de blaasmuziek
Het is geen gisteren meer.
We denken niet aan winst of verlies.
De toekomst komt later.

Translated by Willem Groenewegen

Great river! Turn round!
Flow back to the mountains
Don't trust the lowland, the towns.
Here evil reigns supreme
Here every corner is cut off.

The wind is ochre and stifling
The rate dominates it all
And the fields are green with poison.

Turn round! Take them along!
I play the accordion
I can read the map.

We'll go beyond the tree line
I will build a hut.
We'll listen to the silence
We'll praise the air.
And at night we'll count the satellites.

No time to lose.
Avanti comrade!

We'll forget the banners
The grand words, the wind band
for yesterday has gone.
We won't think of profit or loss.
We'll see about the future later.

ZIJN KIKKERS DE KANARIES

Niet alleen in vervuilde gebieden
maar ook in reservaten als Yosemite Park
sterven wereldwijd de kikkers uit

Komt het door het gat in de ozonlaag
Zijn het de pesticiden in de atmosfeer

Kikkers hebben een doorlaatbare huid
en bij verslechtering van water in lucht
behoren zij tot de eerst verdwijnende dieren

(Boven de torenflats zie ik een vliegtuig
een lont achter zich aan trekken die sloom
opbrandt in de roestende avondhemel

En ik ruik de sloot van het Lelijpark
dertig jaar geleden, het parelende dril
tussen mijn vingers, de bruinige geur
van de dikkopjes gevangen met Ivo
in de zinken teil achter in de tuin)

In de bar en de wandelgangen van dit eerste
wereldcongres vragen deskundigen zich af
zijn kikkers de kanaries in onze kolenmijn

ARE FROGS THE CANARIES

Translated by Willem Groenewegen

Not just in polluted areas
but also in reserves like Yosemite Park
frogs are dying out worldwide

Is it the hole in the ozone layer
Are pesticides in the atmosphere to blame

Frogs have a permeable skin
and where water and air deteriorate
they are among the first animals to vanish

(Above the tower blocks I see a plane
dragging a fuse behind it that slowly
burns up in the rusty evening sky

And I smell the ditch in Leijpark
thirty years ago, the pearly spawn
between my fingers, the brownish odour
of tadpoles caught with Ivo
in the zinc tub at the back of the garden)

In the bar and the corridors of this first
global conference experts ask themselves
are frogs the canaries in our coalmine

DAAAG

zolang ik er n iet geweest ben
voel ik me niet geroepen
over het hiernamaals
iets substantieels te beweren
dat is een twee is dat
alles in de ruimte een achterzijde
heeft in de tijd alles een erna
de deur gaat dicht wordt muur
wordt huis wordt tuin weg na de punt
begint het wit van de volgende zin
anders dan zo—in begrippenparen—
denken wil maar niet lukken
echte eindes kennen we niet het is
de schuld van de seizoenen want altijd
wonderlijk anders helemaal hetzelfde
(dachten de eerste ex-apen) een slome
regelmaat die verwachtingen wekt
dat was drie en ten vierde
wil ik bij deze Eddy en Gerard
Wout en tante Riet de groeten doen
ten leste moet me van het hart
dat het hele begrip me nog het meest
doet denken aan een verkeersbord
(op een kruising bij Han-sur-Lesse)
met twee forse bazige pijlen
onder die naar links
staat toutes directions
onder die naar rechts wijst
autres directions

BYYYE

Translated by Paul Vincent

as long as I've not been there
I don't feel called upon
to say anything substantive
about the hereafter
that's one two is the fact
that everything in space has a reverse
side in time everything has a thereafter
the door closes turns wall
turns house turns garden road after the full stop
the white of the next sentence begins
thinking is just not possible
other than thus—in pairs of concepts—
we know no real ends it is
the fault of the seasons being always
strange otherwise completely the same
(thought the first ex-apes) a languid
regularity that awakens expectations
that was three and fourthly
I want to send my regards to Eddy and Gerard
Wout and Auntie Riet
finally I'm bound to say
that the whole concept
reminds me most of a traffic sign
(at a junction near Han-sur-Lesse)
with two big bossy arrows
below the one pointing left
it says toutes directions
under the one pointing right
autres directions

Tonnus Oosterhoff

(1953)

TONNUS OOSTERHOFF studied Dutch language and literature at the University of Groningen. Having started as an author of pulp fiction, he made his poetry debut in 1989 with *Boerentijger* (*Farmers Tiger*) and has developed since into a writer of radical experimental prose and poetry. He is also one of the first and most major poets who launched his own website with digital poetry. In 2012 he was distinguished with the P.C. Hooft Prize for his poetry.

TONNUS OOSTERHOFF

'Je bent zo integer, zo bescheiden.'
'Voor mijn plezier!'
Het is een genoegen
Tonnus Oosterhoff te zijn.
'Ik zou het ook wel willen.'
Jawel, maar dat gaat niet!

Dat gaat niet

TONNUS OOSTERHOFF

Translated by John Irons

"You're so incorruptible, so modest."
"For the fun of it."
It is a pleasure
to be Tonnus Oosterhoff.
"I'd like to be that too."

Of course, but that's not on!

That's not on.

HERSENMUTOR

Hoe word je van de taak van zeggen hoe het is?
Niet blij. Niet blij met de schuchtere rede allenig.

(Bedenk dan:)
Zei de *schrijdende zaadhandel* hoe het was?
Nee; maar je onthield het dakbaar.
(Hersenmutor maakt spelen van spellen.)

Het was opeens feest in het hoofd van Truffaut met nog een jaar te
leven: rimpeldoos pimpeldoos rimpelloos pimpelmees.
Vrijdom van gebrek en meningsuiting.
      Ik sleep het me voor.
Met de mutor de reclame in. De handige reclamejongens hebben er
allemaal een tegenwoordig.

Ik lach te
(Onthoud dit maar. Jam dit maar. Roffel dit maar.
Ook een matige Truffaut is een goede.)

Het is zo *geplekt*, poëzie. Waar moet ik mijn slepende handtekening
plaatsen? Voor een gedicht moet je eigenlijk met zijn vijven zijn.
(Anders snap je het niet? Bedoel je dat?)

In de reclame is Pierre Kemp
(*Waar ik mijn neus wend ruikt ze*
Nu weet ik het: ik word bakker!,
heb ik dat goed onthouden? Niet zien, niet zeggen hoe.
De speelgrage-mutor bedienen.)

BRAIN CHANGER
Translated by Paul Vincent

How does the job of saying what it's like make you feel?
Not happy. Not happy with timid reason alone.

(Consider then:)
Did the *striding seed business* say what it was like?
No; but you remembered thatchfully.
(Brain changer makes spiels of spelling.)

Suddenly it was party time in the head of Truffaut with a year left
to live: blue box smooth cox blue tit.
Freedom of impediment and expression.
   I drag it out of me
With the changer into advertising. The smart admen all
have one nowadays.

I laugh to
(Remember this. Jam this. Riff this.
Even a passable Truffaut's a good one.)

It's so located, poetry. Where am I to place him with his scrawling
signature? A poem really needs five of you.
(Otherwise you don't get it? Is that what you mean?)

In the advert there's Pierre Kemp
(*Wherever I point my nose she smells*
I know what: I'll be a baker!
Did I remember it right? Don't see, don't say how.
Operate the playful changer.)

O jongens, zeg je prevelementjes,
de geschiedenisleraar komt binnen.
Op de mutor is slecht nieuws voor doven en horenden.
'Er is een schuchtere rede die wij afschaffen.'
De realiteit sloopt de mogelijkheden.

Met de strekking naar de speelvelden;
welk *gevoel* roept het produkt op?
Ouwe Truffoto heeft de mutorreclamebron geslagen,
Kemp rimpelt water uit de rotsen. Vrijheid van uiting.

Nu de voorlopige naam van de eeuwige organisatie nog even.

Oh lads, continue your murmurings,
the history teacher comes in.
On the changer there's bad news for the deaf and hearing.
"There's a timid reasoning we wish to abolish."
Reality wrecks possibilities.

To the playing fields with the meaning;
what *feeling* does the product evoke?
Old Truffoto has tapped the changer advert source,
Kemp ripples water from rocks. Freedom of expression.

Now the provisional name of the eternal organisation once more.

Wat is dat voor lichaam dat met ons leeft?
Ons leven is brandhout, ons lichaam vuur,
of: lichaam brandhout, leven vuur.
Vuur en hout vormen een weefsel.

Van wie is het weefsel?
Het publiek brandt van nieuwsgierigheid,
de politie heeft het antwoord.
Zij belegt een persconferentie:
het weefsel is van de vermisten.

Translated by David Colmer

What is this body that lives with us?
Our life is firewood, our body fire,
or: body firewood, life fire.
Fire and wood form one tissue.

Whose tissue is this?
The public burns with curiosity,
the police have the answer.
They call a press conference:
the tissue is the missing person's.

HAGAR PEETERS

(1972)

———

HAGAR PEETERS started out as a "rap poet" and was already known as a performer before she made her debut with *Genoeg gedicht over de liefde vandaag* (*Enough Poetry about Love Today*). It was followed by several volumes of poetry, some of them about actual or historic events, such as one about Elizabeth Fritzl, who bore her father seven children in an Austrian basement. Her debut as a novelist she made with *Malva*, a novel about the never-acknowledged daughter of Pablo Neruda. This book brought her the Fintro Literature Prize.

'ZAL IK NOG EEN EINDJE MET JE MEELOPEN?'

Ja hoor. Je mag meelopen tot het stoplicht,
of tot de eerstvolgende tunnel.
Tot de derde straat rechts,
tot de ingang van het park.
Tot bij het ziekenhuis, tot voorbij
het ziekenhuis, tot aan mijn huisdeur.

Je mag meelopen tot aan mijn kamer,
tot het glaasje van een of ander,
tot ik mijn tanden heb gepoetst
of tot het eerste ochtendlicht
over de stoel met kleren valt.

Tot de bouwvakkers aan het werk gaan,
tot de school weer is begonnen,
de ambtenaren pauze houden
de winkels zijn gesloten
of tot de laatste stoptrein gaat.

Tot na het ontwaken maar voor het ontbijt,
tot na het ontbijt maar voor de lunch,
tot na de lunch maar voor het avondeten
mag je meelopen.

"SHALL I WALK WITH YOU SOME OF THE WAY?"

Translated by Judith Wilkinson

Why not. You may walk with me as far as the traffic lights,
or as far as the very next underpass.
As far as the third street on the right,
as far as the entrance to the park.
As far as the hospital, as far as beyond
the hospital, right up to my front door.

You may walk with me as far as inside my room,
as far as a glass of something or other,
as far as when I've brushed my teeth
or when the first morning light
falls across the chair with the clothes.

As far as when the construction workers start their day,
as far as when school opens,
the civil servants have their break,
the shops close
or as far as the departure of the last slow train.

As far as after waking up but before breakfast,
as far as after breakfast but before lunch,
as far as after lunch but before supper
you may walk with me.

VANNACHT KWAM IK MIJN OUDERS TEGEN

Vannacht kwam ik mijn ouders tegen,
twee bleke schimmen die naar elkaar
toe negen in het witte licht van een lantaarn.
Aan hun geluk te zien kon ik nog niet
geboren zijn.
Ze waren jong en heel verliefd.
Een groot verdriet bedroefde mij
omdat ik wist hoe het zou verdergaan.

Zij schaterde om iets dat hij haar toegefluisterd had.
Hij lachte hard zoals hij nog vaak doet.
We wisselden een beleefde groet
en daarna scheidden zich weer onze wegen.

'Wacht maar,' riep ik hen na,
wij komen elkaar nog wel eens tegen.'
Gearmd gingen ze zwijgend om een hoek.

LAST NIGHT I RAN INTO MY PARENTS

Translated by Judith Wilkinson

Last night I ran into my parents,
two pale shadows inclining towards
each other in the glow of a street-light.

Judging by their happiness I hadn't yet
been born. They were young and very much in love.
A great sadness weighed me down,
knowing how the story would unfold.

He whispered something and she laughed out loud.
He roared with laughter as he still often does.
Briefly we exchanged civilities
and then we went our separate ways.

'We'll meet again,' I called out after them,
'you'll see, our paths will cross.' They didn't speak.
Arm in arm they turned the corner of the street.

MEMENTO VAN DE GRONINGSE FOLKINGESTRAAT

Hier oefenen onze blikken langs de gevels
met hun nog niet zo lang geleden
aangebrachte herdenkingskunst
het niet meer zien, dit nooit meer
kunnen bekijken en wanneer we kopen
bij de zevenenvijftig neringdoenden
in deze smalle steeg die in de stad ligt
als een schuilstraat, een verholen spleet

herhalen we het nooit meer iets afnemen
bij de bakker bij de koosjere paardenslager
herhalen we het nooit meer handeldrijven
hier in deze handelsstraat, toegangspoort
tot de stad en bedevaartplaats
waar de synagoge opnieuw openstaat
en woningen opgetrokken uit bestendige steen
met hun simpelweg er zijn
vereeuwigen dat hier leven een herhalen is
van de eindigheid van het leven

dat in deze altijd doorgaande straat
afgebroken is en in een van de talloze cafés
hier, waar we vrolijk zijn, herhalen we
het niet meer maar eens zo vrolijk zijn
van wie toen, in deze straat, zijn weggehaald.

MEMENTO OF THE FOLKINGESTRAAT IN GRONINGEN

Translated by Judith Wilkinson

Here our eyes study the housefronts
with their still quite recent
commemorative art, and we practise
not seeing anymore, not ever being able
to look at it all anymore, and when we shop
at one of the fifty-seven retailers
in this narrow street, tucked into the city
like a hiding place, a secret cranny,

we relive the never shopping anymore
at the baker's at the kosher horse butcher's
we relive the never trading
here in this street of trade, this gateway
to the city and place of pilgrimage
where the synagogue has opened its doors again
and dwellings built of durable stone
in their simple presence
eternalise the fact that life here is a reliving
of the impermanence of life

that was cut short in this street that never stops
and in one of the numerous cafés,
here, where we are merry, we relive
the end of that merriness
for those who were deported in this street.

ESTER NAOMI PERQUIN

(1980)

—

ESTHER NAOMI PERQUIN worked as a prison warden to finance her studies at the Amsterdam School of Creative Writing before she made her debut as a poet. With her first two collections, *Servetten halfstok* (*Napkins at Half-Mast*) in 2007 and *Namens de ander* (*On Behalf of the Other*) in 2009, she won six prizes and a nomination. *Celinspecties* (*Cell Inspections*) won the VSB Poetry Prize. After having been Poet Laureate of the City of Rotterdam in 2017, she was appointed Poet Laureate of the Netherlands until 2019.

MEISJES

Zo handig in hun alledaagse praten
rusten zij aan zij, een rij van jonge huid
en zachte haren in die al te hete zon.

Duingras kietelt hun benen en hoog
klinkt de pas bedachte lach die meeuwen
steeds verschrikt doet overkomen.

Van kop tot teen onaangeraakt
liggen zij, met allemaal dezelfde stem
dezelfde moeder te bespreken.

Wat ze zoal zijn telt alle eeuwigheden
in hen op. Dat stil en zonbeschenen delen
van leeftijd, lichaam, zonnebrand.

Maar over het zand lijkt een vreemd,
steeds lager grommen aan te zwellen
en jaagt een rilling door de rij.

Elke seconde komen de jongens
op onverbiddelijke brommers
in grote golven dichterbij.

GIRLS

Translated by David Colmer

So nimble in their everyday chatter,
resting side by side, a row of youthful skin
and silky hair in sun that's much too hot already.

Beach grass tickles legs and freshly-
minted laughter tinkles up to make
the gulls swing overhead in fright.

Untouched from head to toe, they lie
and talk in one and the same voice.
about one and the same mother.

Somehow their essence is the sum
of the eternities inside them all. This quiet
sunlit sharing of age, a body, suntan lotion.

But across the sand a strange
and growing growl that seems to swell
soon sends a shiver through the row.

Like giant breakers rolling in,
boys on implacable bikes
come closer every second.

DE LAATSTE ONBEKENDE

Dus u heeft in het geheim geleefd, werd ondergronds
geboren, u bent nooit in beeld geweest.

Dus u woonde op plaatsen waar geen kijkers kwamen,
geen hond verlaten rondliep, neus dicht bij de grond,
u kwam nooit in verleiding iemand
duidelijk zichtbaar te aaien.

U nam geen goedgeschreven woorden in de mond,
had geen zorgvuldig gezicht—hoe,
als wij u niet zagen heeft u geleefd?

Hield u zich ergens voor iemand verstopt?
Leek het voor u andersom—raakten wij weg
zolang u geen deel had aan ons?

U kunt niet meer weggaan zoals u hier kwam,
in het donker, als een geheim. Blijft u
zo zitten dan zoomen wij in.

Dit is uw kans om aanwezig te zijn.

THE LAST STRANGER

Translated by David Colmer

So you lived secretly, born underground,
never in the picture.

So you lived in places onlookers never frequented,
where abandoned dogs never wandered, noses close to the ground,
you were never tempted to caress somebody
in clear view.

You did not utter any well-written words,
had no meticulous face—how,
if we did not see you, did you live?

Were you hiding from someone somewhere?
Did it seem like the other way round to you—were we lost
as long as you had no truck with us?

You can no longer leave the way you came,
in the dark, like a secret. Stay sitting there
while we zoom in.

This is your chance to be present.

LEGALE ACTIVITEITEN

1

Wakker maken aan het begin van de nacht
en om dromen vragen.

Als ze zeggen dat ze die nog niet hebben gehad
omdat je ze wakker maakte: een klap.

Als ze beginnen te huilen over hun haren naar beneden
aaien tot ze aan hun moeders denken. Dan zeggen
dat hun moeders niet meer zullen komen.

Als ze hun hoofden op hun armen laten rusten
heel lang zwijgen. Als ze dan in slaap zijn
wakker maken en om dromen vragen.

Als ze hun dromen vertellen luisteren en uitleggen
dat zulke dingen niet bestaan. Dan de orde
van de dag. Dan weer van begin af aan.

2

Op de luchtplaats laten lopen en af en toe het geluid
van een geweerschot maken. Oefenen tot je
vlak boven hun hoofden een trage duif
in zijn vlucht kunt raken en ze
die duif laten begraven.

Of er eentje op zijn rug draaien en met viltstift
omtrekken op het matras en laten opstaan
om naar zichzelf te kijken.

Vragen of ze de omtrek niet op iemand
vinden lijken. Vragen wie dat was.

LEGAL ACTIVITIES

Translated by David Colmer

1

Wake them up at the start of the night
and ask for dreams.

If they say they haven't had any yet because
you've woken them up: slap.

If they start to cry, stroke their hair until they think
of their mothers. Then say their mothers
aren't coming anymore.

If they rest their heads on their arms, keep quiet
for a long time. When they fall asleep,
wake them up and ask for dreams.

If they tell you their dreams, listen and explain that things like that
don't exist. Then move on to the order of the day.
Then start again from the beginning.

2

Put them in the exercise yard and make the sound of a gunshot.
Practice until you can hit a slow pigeon in flight
just over their heads, and have them
bury the pigeon.

Or turn them over onto their backs and draw their outline
on the mattress with a marker and make them
stand up to look at themselves.

Ask them if the outline reminds them
of anyone. Ask them who.

Ilja Leonard Pfeijffer

(1966)

———

ILJA LEONARD PFEIJFFER is a poet and writer. Distinguished in nearly every genre imaginable, he is one of the most celebrated authors of the Dutch language and is recognized as one of the most compelling voices in contemporary Dutch literature. He has more than forty titles to his name, including poetry, novels, short stories, plays, essays, scientific studies, columns, translations, and anthologies. Exhibiting a powerful style and classical command of form, his work has contributed to literary revival and growing engagement, both of which are explicitly expressed in his work as a columnist and television documentary maker as well.

EN WAT HET DAN BETEKENT

en wat het dan betekent ruiken naar gelukkig gras
in blauwe irissen reizen als de oude goden
rimpelloos voorbij wapperen op een glimlach
wat het betekent ondersteboven liefde spellen
op een onbeholpen tafellaken
alsof je nog nooit eerder
hebt geschreven of hebt liefgehad

en wat het dan betekent verlamd van L-
liefde voor eerst en immer rond te zijn
met blauwe regen trots te glimmen in de zon
begrijpen in een gloedgroen glunderend volapük
en jouw gouden hoorn tot bocht van genua
en sargasso zee bezeilen in de wind
met het hart kloppend als een syllogisme
samengevallen als een zwitsers zakmes in elkaar
wakker worden in de oksel van venetië

jij weet wat het betekent want jij geeft betekenis
aan gras ontwaken alfabet en de zeven zeeën
onvertaalbaar zijn deze dagen
die dansen op de tenen van de logica
er is na deze zomer
geen excuus voor herfst

AND WHAT IT MEANS

Translated by Peter Nijmeijer

and what it means to smell of happy grass
to travel in blue irises while the ancient gods
flutter past unrippled on a smile
what it means to spell love upside down
on an awkward tablecloth
as if you have never before
written or loved

and what it means paralysed by L-
love firstly and forever to be round
with blue rain to gleam proudly in the sun
to comprehend in a brand-green beaming volapük
and to sail your golden horn till the bight of genoa
and sargasso sea in the wind
with hearts agreeing like a syllogism
folded together like a swiss knife
to wake up in the armpit of venice

you know what it means for you give meaning
to grass waking up alphabet and the seven seas
untranslatable are these days
that dance on the toes of logic
after this summer there
is no excuse for autumn

ZONDAG

geef mij vandaag geen dichters
die beginnen met geef mij
dan wel zich concentrisch cirkelen
aan lijnen rakend van rechtzinnig
aritmisch gedragen zwijgen

laat mij ranzen laat onder mijn wollig meurende dek
bed van ronkende woorden naast wollige woorden
en serveer mij geen imperatieven
als je mij laat in de middag wakker kust
bij het krieken van de televisie
geen verschijn van maning
maar een ovenvers geurend gezegde
of een lied over litmanen

en maar want gisteren was kwieker
wiekelwakke winkelwagenwieltjes waren
gisteren toen zei jij nog wakker als een wekkerspel
wikkelwakkelwaait het snel

maar je moet
je moet vandaag wat langzamer voor mij zijn
dring ook niet op ochtendwandel aan
langs beemdgras bermtoerisme of om jonge
sla te zien slap nog in vochtige bedjes

lurk lekker op mens
sabbel zachtjes concentrisch
cirkelend aan rechte zinnen rakend
van de luilekkerman

SUNDAY

Translated by Willem Groenewegen

give me any poet today
who either doesn't start with give me
or draws circles concentrically about him
touching on tangents of reformed
arrhythmic solemn silence

let me lounge late under my woolly snoozing duvet
bed of snoring words beside woolly words
and do not serve me up imperatives
when late in the afternoon you kiss me awake
at the crack of television
no semblance of demand
but a freshly baked scented saying
or a lyric on litmanen

and but because yesterday was brisker
wingy-wobbly shopping trolley wheels were
yesterday you still said then awake as a wake-up quiz
it windy-wobblewaves with a whizz

but you must
you must take it easier on me today
don't force morning stroll on me either
past bluegrass roadside picnics or to see
young lettuce still tender in moist little beds

slurp tastily on man
suck softly concentrically
circling touch on straight senses
of the man of cockayne

IDYLLE

Ik hang de druiven op. Ik giet de wijn erin.
Voorzichtig, een voor een vul ik ze met hun zin
die in de grond zal zingen waar ze in verdwijnen.
Ik plak het vlees aaneen tot dieren weer verschijnen
die loeiend uit het slachthuis naar de weide snellen,
waar zij steeds aaibaarder, steeds strakker in hun vellen,
de boterbloemen planten met hun gulle monden
en leven voor het stelpen van hun moeders wonden.
Met planken richt ik bomen op. Hun kruin zal ruisen
van vers ontbraden vogels die daar zingend druisen
om terug te kruipen in een rond en glimmend ei.
Ik repareer het venster met een zware kei,
bouw steden uit ruïnes met een paar kanonnen
die projectielen slikken met hun loop. Ontgonnen
gebieden maak ik onontgonnen. Verre landen
zie ik verlaten worden op hun blanke stranden
door reizigers die kruizen uit de aarde trekken
en op galjoenen achterwaarts voorgoed vertrekken,
gezogen door de wind, gebrand om te vergeten,
waardoor de wereld groeit met almaar minder weten.
En elke nacht ontwaak ik dronken van plezier
wanneer de feesten zijn waar wijn ontstaat en bier
uit gulle kelen die steeds helderder gaan praten
totdat ik in het middaglicht door volle straten
met knipperende ogen naar mijn huis toe loop
en brak en misselijk ga slapen in de hoop
dat gisteren opnieuw een mooie dag zal zijn
voor vrolijk braken van miljoenen liters wijn.
Ik ben bevoorrecht. Dat besef ik heel erg goed.
Waar mensen moeten, is er weinig wat ik moet.
Ze stoppen drollen terug in baby's. Elke dag
gaan zij verplicht naar winkels om een groot bedrag
aan euro's af te halen. En er zijn geen banen
om al dat geld aan uit te geven. Onderdanen
van de productiemaatschappij zijn zij. Maar blij

IDYLL

Translated by Willem Groenewegen

I'll hang up the grapes, I'll pour in the wine,
until they're brimming and tingling on the vine,
they'll sink singing into the soil and disappear.
I'll stick the fleshy meat back on until cows reappear
that rush lowing from slaughterhouse to pastures wide,
growing ever cuddlier and plumper beneath their hides,
they will replant daisies with their generous maws,
and live only to staunch their mothers' sores.
I'll use planks to reconstruct trees. Their crowns will sigh
with freshly unroasted birds on boughs, whereby
they'll crawl back into eggs so perfectly round and white.
I'll repair shattered windows using rocks to smite,
turn ruins into cities shooting cannonballs,
while guns' barrels swallow bullets from old city walls.
I will un-mine the mines. And far-off foreign realms
will be abandoned to beaches spotted from the helms
of the ships of travellers who pull crosses from the ground
and sail backwards on galleons ever homeward bound,
drawn along by strong winds, burned to nothingness,
and you know, the world grows, as it learns less and less.
Now every night I awake punch drunk with pleasure
at parties where red wine is produced at leisure,
beer gushes from throats, and words become sweet,
until I stroll those busy streets in the midday heat,
my eyes blinking awake as I go home without moping,
where, queasy and broken, I go to sleep hoping
that yesterday's yesterday will be yet again fine,
another day for spewing litres and litres of wine.
I am highly privileged, I am very much aware,
so little to do all day, while other people bear
the burden of putting the shit back in babies.
They're forced to go to the shops and fetch crazy
amounts of fresh-minted dosh. There aren't enough jobs
to spend that money on. They are the underdogs
of our production society. But as for me, I am content

ben ik dat ik mijn passie volgen kan en vrij
ben om mijn eigen poëzie met wit te schrijven,
met een vasthoudendheid die zeker zal beklijven
nauwkeurig over alle zwarte letters heen
totdat er niets meer staat, geen twijfels meer en geen
verdriet. Hondsmoeilijk is het. Soms doe ik niet meer
dan zes of zeven regels op een dag. Ik leer
om te doseren. Af en toe lukt het heel goed.
Dan straalt het ongeschonden wit mij tegemoet
als blanke pagina waar alles kan gebeuren.
En zo precies, mijn lief, tracht ik je zoete geuren
te snuiten uit mijn neus, je handen terug te draaien
die als een koorts nog altijd op mijn slapen laaien.
Zoals ik vruchten maak uit stukgekookte borden
en traag stroomopwaarts drijven de barbaarse horden,
zoals ik liederen met toetsen kan verstommen
en schitterende steden bouw met zware bommen,
zo wou ik dat ik jou pas morgen had ontmoet
en alles wat ooit fout ging, ging dan zeker goed.

to pursue my passions, to rewrite and re-invent
my poetry all day long, a black not white obsession
with a dedication sure to leave a lasting impression,
carefully going over those printed letters one by one
until there's nothing left and everything has gone,
no sorrow, no doubt. It's a pig. Sometimes I do less
than six or seven lines a day. I try to avoid excess
that way, sometimes I manage to my satisfaction.
But then the virgin white springs back into action,
a blank page upon which anything can fall short.
And it's just the same, my love, as trying to snort
your sweet smells out of my nose and dismiss now
your hands that rested like a fever upon my brow,
the way I craft luscious fruits from potted jams,
and barbarian hordes drift upstream like lambs.
It's like the way I can silence songs with music
and build beautiful cities using modified Uzis,
just like I believe if only I had met you tomorrow night,
everything that has gone wrong would go right.

Alfred Schaffer

(1973)

———

ALFRED SCHAFFER, son of a Dutch father and an Aruban mother, moved to Cape Town, South Africa, in 1996, where, after an intermission in the Netherlands as a publisher, he still teaches as a lecturer at Stellenbosch University. Since his debut in 2000 with *Zijn opkomst in de voorstad (His Rise in the Suburbs)*, his poetry collections have earned him several nominations and awards; in 2021, as one of the youngest laureates ever, he was awarded the P.C. Hooft Prize, the main Dutch literature prize for his whole oeuvre.

ALS EEN SPROOKJESBOS, GRONDIG UITGEKAMD

Je komt er niet meer uit, een zompige ondergrond
waar je ook ging, als je een kaart had zou je nog
verdwalen, zo rustig werd het hier, aardedonker. Ik ben
teveel van mij alleen is al wat je nu denken kunt, door
hout omsingeld, door slaap, waar was die open plek
waar je ging zitten, waar je het ruisen van wat broeit
en groeit bewonderde. Je bent niet weg, integendeel,
je behoort tot een geheim, een mythe zelfs, het verhaal
gaat dat de zee verkleurde, elke stap was een teveel,
dat een troep honden losgelaten werd, gretig zoekend
naar je geur, de tongen uit hun bek, iets zuigt hen nader
maar jij, jij weet van niets, hé hoor jij dat ook, maar
woorden lijken overbodig en zo wordt je gevonden.

LIKE A FAIRY-TALE FOREST, THOROUGHLY SCOURED

Translated by John Irons

You won't get out again, soft underfoot whichever
way you turned, even with a map you would
probably get lost, it was so quiet here, dark as earth. I am
simply too much my own is all you can think of now,
surrounded on all sides by trees, by sleep, where was the open place
where you sat down, where you admired the murmur of what
seethes and breathes. You haven't gone, quite the reverse,
you belong to a secret, a myth no less—the story
goes that the sea changed colour, each step was one too many,
a pack of hounds was let loose, searching greedily
for your scent, tongues hanging out, something sucks them closer
but you, you know nothing, hey, can you hear that too, but
words seem superfluous and in such a frame of mind you are found.

ALL WORK AND NO PLAY

Wat is het druk op de weg, wat een bijzonder liedje heb je
daar in je hoofd, met een beetje wil hoor je wanhoopskreten,
antieke talen. Hoorspelgeluiden zonder liefde. Warme liefde,
palmen recht en wuivend. Veel dagjesmensen, niet in staat

je de weg te vragen. Ik zou een kaart van deze oergrond
moeten tekenen, met zuilen en tempels erop, dat het water
blauw is overal, de drukte aan dat water, de rommel die bleef
liggen op het strand, het lege reuzenrad. En het verlangen,

ik moet als de sodemieter deze aardkloot uit het hoofd leren
voor ik straks stotterend voor mijn kinders kinderen sta, ja,
lach jij, jouw vader stond nog ouderwets z'n mannetje,

die heeft zowat de hele oorlog gefotografeerd. Maar dat was
voor de domheid kwam. Gek, dat ik steeds in de verleden tijd
tot je wil spreken—je vader had het hier prachtig gevonden.

ALL WORK AND NO PLAY

Translated by John Irons

How busy it is on the road, what a strange tune you've got
there in your head, in a little while you'll hear cries of despair,
classical languages. Radio-play sounds without love. Warm love,
palms upright and waving. Many day-trippers, unable

to ask you the way. I should actually draw a map of this
ancient site, with columns and temples on it, that the water
is blue everywhere, the commotion by that water, the litter
left lying on the beach, the empty Ferris wheel. And the desire,

I must learn this terrestrial globe by heart like the clappers
before I stand stuttering before my children's children, yes, just you
laugh, your father stood his ground the old-fashioned way,

he photographed almost the entire war. But that was
before stupidity arrived. Strange, that I always want to speak to you
in the past tense—your father would have found it splendid here.

DAG(DROOM) #598

De bergpas is berucht.
Links de kluwen van het dennenwoud
en rechts de sterren en planeten.
Soms werd ik ingehaald, soms moest ik remmen
wolken joegen zwartbruin voor me uit
alsof ik haast moest maken maar ik had geen haast.
Als in een kinderlied reed ik naar boven.
Eén scherpe bocht nog en de pas was op haar hoogste punt—
een paar seconden licht als een skelet
voor alles naar beneden sjeest.
Ik gaf wat extra gas en hield alvast mijn adem in
toen ik opeens werd overmeesterd
door een diepe slaap, klam als dichte mist.
Elk geluid sloeg dood.
Haastig zette ik hem in zijn twee en drong
terwijl ik net nog had bestaan
als een fluwelen boor een hemelse materie binnen.
Was ik op weg naar huis, was ik alleen
of werd ik bijgestaan—ik ben het glad vergeten.
Behalve dat het hartje winter was
en dan die weg, die hatelijke weg
die maar bleef stijgen en maar steeg
er komt geen einde aan.

DAY(DREAM) #598

Translated by Michele Hutchison

The mountain pass is notorious.
On the left the tangles of the pine trees
and on the right the planets and stars.
Sometimes I was overtaken, sometimes I had to brake
black-brown clouds charged along ahead of me
as though I should hurry but I was in no hurry.
I drove upwards like in a children's song.
One sharp bend to go and then the highest point of the pass—
a few seconds as light as a skeleton
before everything goes tearing downhill.
I accelerated a bit and held my breath ready
when suddenly I was overcome
by a deep sleep, as clammy as thick fog.
All sound was silenced.
I quickly threw her into second and forced,
though I'd existed a moment ago,
like a velvet drill in heavenly matter.
Whether I was on my way home, or alone
or accompanied—I've clean forgotten.
Apart from that it was the depth of winter
and then that road, that hateful road
that just kept on climbing and climbing
there is no end to it.

MUSTAFA STITOU

(1974)

MUSTAFA STITOU was born in Tetouan, Morocco, but moved to Dutch Lelystad when still young. During his studies of philosophy he made his debut as a poet in 1994 with *Mijn vormen* (*My Forms*), the first time a book of poetry of Moroccan origin was published in Dutch. His third volume of poetry, *Varkensroze ansichten* (*Piggypink Postcards*), the VSB Poetry Prize as well as the Jan Campert Prize. He also writes plays and teaches at a high school.

Eens kreeg ik dit visioen: in een spelonk
eeuwen voor Christus pijpt
lijdzaam een tempelprostituee
een hogepriester, ogen fonkelend in het donker.

Vanavond keek ik naar een darwinistiche documentaire
op Discovery Channel en hoorde een huichelachtige zin.

In een andere tempel is een andere tekst gevonden.
Zes wetgevers zijn reeds geslacht.
De hogepriester weet dat ook hij zal worden
geslacht: op de verkeerde god gegokt, op een god
zonder lichaam.

De dood, luidde de zin,
is de prijs die wordt betaald
voor het hebben van seks.

Translated by Willem Groenewegen

Once, I had this vision: in a cavern
centuries before Christ a temple prostitute
submissively sucks off a high priest,
eyes gleaming in the dark.

This evening I watched a Darwinist documentary
on Discovery Channel and heard a sanctimonious sentence.

In a different temple a different text has been found.
Six legislators have already been slaughtered.
The high priest knows he too will be
slaughtered: bet on the wrong god, on a god
without a body.

Death, the sentence went,
is the price that is paid
for having sex.

Namen op een mooie
dag een hap van een mooie
raarmooie eigenlijk plant. Sindstoen
jeuken onze monden gruwelijk.

Waar Roos leeft mag ik niet komen.
Tegen niemand zeggen dus, beloofd?

We vonden het konijn in het bos overal
lag bloed op de vacht Roos zei
gekust door een wolf
grapje! gebeten door ons!

We groeven een kuil. Aaiden de zachte dooie oren.

Ik weet nog precies waar het is!
Er is een bobbel op de grond.
En we hebben een mooie tak
in de grond gestoken.

Translated by Willem Groenewegen

Names on a beautiful
day a bite from a beautiful
strangely beautiful actually plant. Since then
our mouths have been horribly itchy.

Where Rose lives I cannot go.
So don't tell anyone, promise?

We found the rabbit in the woods its pelt
was covered in blood Rose said
kissed by a wolf
only joking! bitten by us!

We dug a hole. Stroked the soft dead ears.

I still remember exactly where it is!
There is a bump on the ground.
And we stuck a beautiful branch
into the ground.

ANEKDOTEN, OPENBARINGEN

Vlammend langs een vaalblauw zwerk
de engel Gabriël waarschijnlijk
op zoek naar een plaats om neer te dalen
iemand om in te fluisteren. De cineast
Sokoerov, lui visionair:

een jonge, bleke, verstrooid turende lijfwacht
krijgt plotseling zijn Führer in het vizier
die zich gehaast van achter een rotsblok opricht
gepoept heeft waarschijnlijk
nerveus om zich heen kijkend zijn handen
schoonwrijft met sneeuw.

De vrouw die als eerste de engel ontwaarde
joelde als een waanzinnige, verjoeg daardoor
de engel, onbedoeld. De vrouw versteende.
Ze versteende.
Maar niet voor straf.

De verbijstering op het bleke gezicht van de jongen
terwijl zijn Führer zich naar de rest van het gezelschap haast
dat uitgebreid aan het picknicken is verderop, tegen een achtergrond
van besneeuwde bergpieken, nevelslierten, afgronden.

ANECDOTES, REVELATIONS

Translated by Willem Groenewegen

Blazing past a pale-blue wrack of cloud
the angel Gabriel probably
in search of a place to descend
to whisper into someone's ear. Sokurov
the film director, lazy visionary:

a young, pallid, absent-mindedly peering bodyguard
suddenly catches sight of his führer
hastily standing up from behind a boulder
has most likely taken a dump
looking round nervously rubs
his hands clean with snow.

The woman who first espied the angel
howled like a lunatic, thus driving off
the angel, unwittingly. The woman froze.
She froze.
But not as punishment.

The astonishment on the pallid face of the boy,
his führer hastening toward the rest of his company
having a copious picnic further on, against a background
of snow-covered mountain tops, wisps of fog and gorges.

ANNE VEGTER

(1958)

———

ANNE VEGTER started as a writer of children's books; she was immediately rewarded and in 1991 made her debut as a poet with *Het veerde* (*It Sprang*). This collection drew the attention of critics and readers alike because of its unusual, "jumping" style. Several volumes of prose and poetry followed, and she was Poet Laureate of the Netherlands from 2013 to 2015. She is the Poet Laureate of Rotterdam.

MORATORIUM

Toen we van John's begrafenis thuiskwamen
was er niemand die vroeg: wilde John eigenlijk wel leven?

(was gek op begrafenissen geweest, ging altijd,
had er misschien ineens genoeg van gekregen).

Hij kwam nog een keer op bezoek, twee jaar later.
Zei: ' Mijn moeder zeurt lang door over die kachel,

neem haar niet kwalijk, ze mist me.
Ze denkt dat afbetalingen helpen tegen pijn.'

Toen we naar de uitgang kropen hoorde je niemand zeggen
dat John er een puinhoop van gemaakt had.

Net voorbij het hek hielden we elkaar scherp in het oog
maar iedereen zweeg, zoals vaker bij doden.

Zijn moeder zat daar hoog op een tak wat ongemakkelijk
in het lichaam van een Oehoe.

De vogel heet eigenlijk Bubo bubo, wat volgens kenners
'ik pluk je' betekent

MORATORIUM

Translated by Astrid Alben

When we got home after John's funeral
there was no one who asked: did John actually want to live?

(He had a soft spot for funerals, never missed one,
but maybe suddenly he'd had enough.)

He visited us once more after that, two years later.
Said: "My mother won't stop harping on about that heater,

don't hold it against her, she misses me.
She believes the repayment plan helps against the pain."

When we inched towards the door you heard no one say
that John had made a mess of things.

Just past the front gate we kept a close eye on each other
but everyone stayed silent, as is often the case with the dead.

His mother perched high up on a branch, a little uncomfortable,
in the body of an Eagle-Owl.

The bird's actual name is Bubo bubo, which ornithologists say
means, "I seize you."

SHOWEN EN TRIPPEN

Er is zielsveel geluk nodig in deze jurk met vertedering naar buren
te kijken die rond middernacht hun afvalzak in een container doen.

Er is zielsveel geluk nodig in deze jurk een taxi aan te houden die onwillig is
je tot buiten de stad te rijden waar loofwoud staat dat zich voortplant.

Er is zielsveel geluk nodig in deze jurk geluid te maken dat dieren overstemt
om aandacht te vangen van een geschminkte koningin.

Er is zielsveel geluk nodig deze jurk dronken en klaarwakker naar een show
te brengen, blind een deur te vinden waardoor je het toneel verlaat.

Er is zielsveel geluk nodig in deze jurk iets te slikken, een ballonvaart
te maken en op het mozaïek van je land neer te kijken als een slome astronaut.

Er is zielsveel geluk nodig in stralend weer voorzichtig te verongelukken.
Stemmen schreeuwen zeggen wade in plaats van jurk.

SHOWING AND TRIPPING

Translated by Astrid Alben

It takes intense bliss in this dress to look at neighbours stashing
their rubbish bag in a container around midnight with tenderness.

It takes intense bliss in this dress to flag down a taxi unwilling
to take you to the edge of the city where broad-leaved trees propagate.

It takes intense bliss in this dress to make a sound that drowns out
animals to catch the attention of a dolled-up queen.

It takes intense bliss for this dress to be carried to a show drunk,
and wide awake, blindly find the door through which to exit the stage.

It takes intense bliss in this dress to swallow anything, go on a balloon ride
and look down on the mosaic of your country like a sluggish astronaut.

It takes intense bliss in this glorious weather to carefully die in an accident.
Voices scream, instead of dress say shroud.

MIJN ARMOEDE

Ik wachtte in mijn laatste jurk op het schoolplein.
Een moeder vroeg hoe ik het maakte.
En er was oploskoffie.
Ik werd onzeker, koos geen antwoord
uit angst voor mijn antwoord.
Er is een verband tussen geheugen en openstaande rekeningen.
Mijn zoon was al uit, naar bleek.
Hij had zijn schoenen geruild voor nieuwe spelletjes,
het waren merkschoenen. De opvang was dicht.
Ineens een glimp van God.
Thuis dronk ik online de nacht leeg
in het oneven licht van mijn geleende koelkast.
Weer die wanhoop. Waar moest ik mijn beslissing van betalen?

MY POVERTY

Translated by Astrid Alben

Down to my last dress, I waited at the school gates.
A mother asked how I was.
And there was instant coffee.
I lost my nerve, wouldn't pick an answer,
fearing my answer.
There exists a link between memory and outstanding bills.
My son had already come out, withdrawn.
He had traded his shoes for new games,
they were designer shoes. The after-school care was closed.
A sudden glimpse of God.
At home, online, I drained the night
in the uneven light of my borrowed fridge.
Again despair. How was I going to foot the bill of my decision?

Rogi Wieg

(1962–2015)

—·—

ROGI WIEG, of Hungarian extraction, made his debut in 1982, when he was twenty, with *Iedere nacht verdwijnt een dame of heer* (*Every Night a Lady or Gentleman Disappears*). This clearly romantic poet who also wrote prose furthermore acted as a pianist, painter, and translator. Suffering from severe depression, he ended his life by euthanasia in 2015.

RAYMOND CARVER

Raymond Carver schreef het al. Ik herinner me zijn regels vaag,
ga niet naar links, maar naar rechts. Neem de bocht, ga langs de rivier
en daar bij het huis, dat ene huis, staat de vrouw die van je houdt,
zoiets schreef hij, maar dan anders, al heb ik het onthouden.

Waarom moest hij zo vroeg dood? Er is weinig meer dan wat liefde en kunst
in sommige levens. En als het allemaal niet gaat, als het misloopt, je
wel naar links gaat. . . Verdomme, waar blíjf ik? De vrouw in het late zonlicht toch?
Neem de bocht, ga langs de rivier, de vrouw in wiens haar het zonlicht schijnt.

Het is daar bij dat ene huis, waar de auto van Carver staat. Ik kan hem
zien achter het stuur, al hangt hij naar voren en ademt hij niet meer in of uit.

RAYMOND CARVER

Translated by Paul Vincent

As Raymond Carver wrote. I vaguely remember his lines,
go right, not left. Take that road and no other, there's a creek on the left
and there in the doorway of that house stands the woman who loves you,
something like that he wrote, but different, though I've remembered it.

Why must he die so young? There's little more than some love and art
in some lives. And if none of it works, if it goes wrong, you
actually go left . . . Damn it, where am I? The woman in late sunlight then?
Take that road and no other, a creek on the left, she wearing sun in her hair.

It's there by that house that Carver's car stands. I can see
him at the wheel, though he's slumped forward and no longer breathes in or out.

HOUD HET HIERBIJ

Voorgelezen bij de begrafenis (op 14 november 2003) van een onbekende jongeman
van ongeveer vijfentwintig jaar die zichzelf heeft omgebracht.

Alleen wat van je resten
op deze uitvaart, alleen wat bloemen,
en een gemeentelijk dichter, ja, ik.
Ook ik heb het geprobeerd, alleen
niet voor een trein, anders, misschien
minder dodelijk: in die allerlaatste
seconden is nog iets mogelijk, zo deed ik het.

Wat er van je over is, wat men nog kon vinden,
ik praat ertegen als tegen een man
op een station, in een koffiehuis, wat ik zeg
gaat over het einde en dat is zo gewoontjes,
zo dodelijk saai dat ik me bijna schaam,
maar wat te zeggen bij een drama?
Een drama met wat bloemen, ontbrekende
personages. Of personen? Voor mij is dit alles
maar een verhaal: als de volledige werkelijkheid.

Rust. Doe niets anders, vooral geen gekke dingen.
Houd het hierbij en anders zal de natuur
je waarschijnlijk hierbij houden

KEEP TO THIS

Translated by Paul Vincent

Read at the funeral (on November 14, 2003) of an unknown young man of about
twenty-five who killed himself.

Only what's left of you
at this funeral, only some flowers, and
a municipal poet, yes, me. I too
have tried, only not under a
train, differently, perhaps less fatally:
in those final
seconds something can still be done, that's how I did it.

What's left of you, what they could still find, I
speak to it as if to a man
at a station, in a café, what I say
concerns the end and that's so ordinary, so
deadly dull that I'm almost ashamed, but
what does one say faced with a drama?
A drama with some flowers, missing
characters. Or people? For me this is all just
a story: like the whole of reality.

Rest. Do nothing else, especially nothing rash.
Keep to this and if not nature will
probably keep you to it.

JE

Geschreven na de dood van mijn grootmoeder Nene in 1999.

Het probleem met je is
dat je dood bent,
dat je me niet hoort
als ik dit voorlees, dat je
niet ziet wat ik zie.
Maar wat zie je dan?
Hoeveel inzicht heb je nog?
Want inzicht is ergens
een voorwaarde voor iets.

Het probleem met je is
niet zo groot, het is meer
het probleem van mij.
Zijn is niet een esthetiek, maar een
aanwezigheid. Esthetisch is worden herdacht,
ijl en doof maak je jezelf op in het zonlicht,
iemand die leest en jong is,

zonder aanwezig te zijn. Het
ga je goed, al is het woord
'je' in deze zin mij
volstrekt onbekend.

YOU

Translated by Paul Vincent

Written after the death of my grandmother Nene in 1999.

The problem with you is
that you're dead,
that you can't hear me
when I read this out, that you can't
see what I see. But what
do you see then? How much insight
do you still have? For insight
is somehow a precondition for
something.

The problem with you is
not that great, it's more
the problem of me.
Being is not aesthetics, but a
presence. Aesthetics is being remembered, ethereal
and deaf you use yourself up in the sunlight,
someone who reads and is young,

without being present. Fare you
well, though the word "you" in
this sentence is
quite alien to me.

MENNO WIGMAN

(1966–2018)

———

MENNO WIGMAN wrote and published poetry while still in high school. He studied Dutch language and literature in Amsterdam and made his official debut as a poet in 1997 with 's Zomers stinken alle steden (*In the Summer All Cities Stink*), after which he wrote four more volumes of poetry. The last one, *Slordig met geluk* (*Sloppy with Luck*), brought him posthumously the Ida Gerhardt Poetry Prize. He was also a translator of Baudelaire and Gottfried Benn, and Poet Laureate for the City of Amsterdam from 2012 to 2014.

JEUNESSE DORÉE

Ik zag de grootste geesten van mijn generatie
    bloeden voor een opstand die niet kwam.
Ik zag ze dromen tussen boekomslagen en ontwaken
    in de hel van tweeëntwintig steden,
heilloos als het uitgehakte hart van Rotterdam.

Ik zag ze zweren bij een nieuwe dronkenschap
    en dansen op de bodem van de nacht.
Ik zag ze huilen om de ossen in de trams
    en bidden tussen tweemaal honderd watt.

Ik zag ze lijden aan een ongevraagd talent
    en spreken met gejaagde stem—
was alles al gezegd, nog niet door hen.

Ze waren laat. Aan geen belofte werd voldaan.
    De steden blonken zwart als kaviaar.

JEUNESSE DORÉE

Translated by David Colmer

I saw the best minds of my generation
    bleeding for revolts that didn't come.
I saw them dreaming between the covers of books
    and waking in a twenty-two-town hell,
ill-omened as the excised heart of Rotterdam.

I saw them swearing by a newfound drunkenness
    and dancing on the sea-bed of the night.
I saw them weeping for the cattle in the trams
    and praying under bright and glaring lights.

I saw them suffering from unrequired talent
    and speaking in agitated voices—
if it had all been said before, then not by them.

They came too late. Their promise unredeemed.
    The cities gleamed as black as caviar.

TOT BESLUIT

Ik ken de droefenis van copyrettes,
  van holle mannen met vergeelde kranten,
bebrilde moeders met verhuisberichten,

de geur van briefpapieren, bankafschriften,
  belastingformulieren, huurcontracten,
die inkt van niks die zegt dat we bestaan.

En ik zag Vinexwijken, pril en doods,
  waar mensen roemloos mensen willen lijken,
de straat haast vlekkeloos een straat nabootst.

Wie kopiëren ze? Wie kopieer
  ikzelf? Vader, moeder, wereld, dna,
daar sta je met je stralend eigen naam,

je hoofd vol snugger afgekeken hoop
  op rust, promotie, kroost en bankbiljetten.
En ik, die keffend in mijn canto's woon,

had ik maar iets nieuws, iets nieuws te zeggen.
  Licht. Hemel. Liefde. Ziekte. Dood.
Ik ken de droefenis van copyrettes.

IN CONCLUSION

Translated by David Colmer

I know the melancholy of copy centres,
  of hollow men with yellowed papers,
bespectacled mothers with new addresses,

the smell of letters, of old bank statements,
  of income tax returns and tenancy agreements,
demeaning ink that says that we exist.

And I have seen new suburbs, fresh and dead,
  where people do their best to seem like people,
the street a fair impression of a street.

Who are they copying? Who am I?
  A father, mother, world, some DNA,
you stand there with that shining name of yours,

your head crammed full of cribbed and clever hopes
  of peace, promotion, kids, and piles of cash.
And I'm a dog that's kennelled in its cantos

and howls for something new, something to say.
  Light. Heaven. Love and death. Decay.
I know the melancholy of copy centres.

KAMER 421

Mijn moeder gaat kapot. Ze heeft een hok,
nog net geen kist, waar ze haar stoel bepist
en steeds dezelfde dag uitzit. Uitzicht
op bomen heeft ze, in die bomen vogels
en geen daarvan die zijn verwekker kent.

Ik ben al meer dan veertig jaar haar zoon
en zoek haar op en weet niet wie ik groet.
Ze heeft me voorgelezen, ingestopt.
Ze wankelt, hapert, stokt. Ze gaat kapot.

Geen dier, zegt men, dat aan zijn moeder denkt.
Ik lepel bevend eten in haar mond
en weet haast zeker dat ze me nog kent.

Het zullen merels zijn. Ze zingen door.
De aarde roept. Krijgt vloek na vloek gehoor.

ROOM 421

Translated by David Colmer

My mother's falling apart. She lives in a closet,
not quite a coffin, where she wets her chair
and sits the same day out each day. She stares
out at some trees and in those trees are birds
and none of them recalls its nest.

I've been her son for more than forty years
and still can't tell how much of her is left.
She read to me and tucked me into bed.
She drowses, dozes, starts. She's falling apart.

Animals never think about their mothers.
I spoon some quivering mush into her mouth,
and tell myself she still knows who I am.

The singing doesn't stop. That bloody bird.
The earth is calling. Curse by curse, it's heard.

NACHOEM M. WIJNBERG

(1961)

—·—

NACHOEM M. WIJNBERG's debut, *De simulatie van de schepping* (*The Simulation of Creation*), was immediately nominated for the C. Buddingh' Prize. As a fruitful poet (and prose writer) of many volumes, he collected all of the important Dutch poetry awards, including the VSB Poetry Prize and the major P.C. Hooft Prize. In daily life he is a professor of economics, lecturing in business administration.

OCHTEND EN AVOND LIEDJE

Het is stil boven mijn hoofd,
onder mijn voeten,
het donker niet koud, het licht niet warm;
als de ochtend of de avond op mij afrent
is dat om mij iets te lezen te brengen.

Een boek dat ik wil bewaren
of op reis mee wil nemen;
op de eerste bladzijde
stopte ik drie keer met lezen
en elke keer had ik langer kunnen stoppen.

Ik durf plotseling te zeggen
dat ik jou wil;
als jij plotseling niet meer wilt
moet ik daar maar mee omgaan,
zoals wanneer de ochtend of de avond niet meer wil.

Van jou heb ik gekregen,
dat ik vandaag niet begin
met wat mij afgenomen is
of wat ik heb laten liggen
en nu is het verstrooid over de ochtenden en avonden.

Toen ik een kind was
woonde ik in een huis
waar ik de sleutel nog van heb
omdat ik die in mijn hand moest houden
toen wij 's ochtends op reis gingen tot het avond was.

MORNING AND EVENING SONG
Translated by David Colmer

It is silent above my head,
below my feet,
the dark's not cold, the light's not warm;
when morning or evening comes running up
it's to bring me something to read.

A book I want to keep
or take with me when I travel;
on the first page
I stopped reading three times
and each time I could have stopped longer.

I suddenly dare to say
I want you;
if you've suddenly don't want to any more
I have to accept it,
like when morning or evening has had enough.

What you gave me,
is that I don't start today
with what was taken from me
or abandoned by me
and is now spread over mornings and evenings.

When I was a child
I lived in a house
I still have the key to
because I had to hold it in my hand
the morning we left to travel until it was evening.

DE CHRISTEN KOMT OP BEZOEK

Mijn grootvader staat in zijn tuin als de Christen op bezoek komt.

Hij kan zien hoe goed het met zijn buren gaat die in Jezus Christus geloven.

Mijn grootvader zegt dat het met hem toch ook goed gaat.

Dat is vooruitbetaling, zegt de Christen, omdat Jezus Christus aanneemt dat een man als mijn grootvader later in hem zal gaan geloven.

Als hij in Jezus Christus zou geloven zou het hem beter dan zijn buren gaan, omdat hij een beter man is en harder werkt.

Hij is er zeker van, zegt de Christen, en zou mijn grootvader misschien de grootste boom in zijn tuin willen omhakken, als vooruitbetaling.

Mijn grootvader vraagt waarom, hij gelooft niet in die boom, of denken zijn buren dat hij dat doet.

De Christen zegt dat de buren niet denken dat mijn grootvader in de boom gelooft, maar dat de boom hem toch helpt.

Het zijn domme mensen, zegt de Christen, als Jezus Christus geen medelijden met hen zou hebben zouden zij op straat zitten en verhongeren.

THE CHRISTIAN COMES TO VISIT

Translated by David Colmer

My grandfather is in his garden when the Christian comes to visit.

He can see how well his neighbours who believe in Jesus Christ are doing.

My grandfather says that he is doing well too.

That's an advance payment, the Christian says, because Jesus Christ assumes that later a man like my grandfather will start believing in him.

If he believed in Jesus Christ he would do better than his neighbours, because he is a better man and works harder.

He is sure of it, the Christian says, and could my grandfather possibly cut down the biggest tree in his garden, as an advance payment.

My grandfather asks why, he doesn't believe in the tree, or do his neighbours think he does.

The Christian says that the neighbours don't think that my grandfather believes in the tree, just that the tree helps him.

They are stupid people, the Christian says, if Jesus Christ didn't take pity on them they would be on the street and starving.

MIJN VADER ZEGT DAT HET VERSTANDIG IS OM IETS TE DOEN WAARIN HET NIET ERG IS OM MIDDELMATIG TE ZIJN, ZOALS WAARIN IK PROFESSOR BEN

Hij besluit zich aan de wet te houden, als iemand die de wet niet kent, maar verwacht dat zijn kinderen die zullen kennen en daarom doet wat hij kan om zijn kinderen niet te beschamen.

Mijn vader zegt dat hij speciaal voor mij een middelmatig man geworden is, zodat niemand zou denken dat ik nooit zo goed als mijn vader kon zijn.

Toch zou hij graag willen dat iemand zich hem herinnert als hij er niet meer is, niet elke dag maar af en toe, zonder het van plan geweest te zijn.

Als wat na iemands dood blijft iemands deel van de waarheid is, wat gebeurt er dan met mijn deel van de onwaarheid?

Als iemand dood is blijft er niets van hem over, behalve van mijn vader die in zijn eentje rondloopt waar hij is.

MY FATHER SAYS THAT IT IS SENSIBLE TO GET INTO SOMETHING IN WHICH MEDIOCRITY IS NO DISASTER, LIKE THE FIELD IN WHICH I AM A PROFESSOR

Translated by David Colmer

He decides to obey the law, as someone who doesn't know the law, but expects his children to know it, and therefore does what he can to avoid embarrassing his them.

My father says that he became a mediocre man especially for me, so that no one would think I could never be as good as my father.

He would still like someone to remember him when he is no longer here, not every day but now and then, without having planned it.

If what is left after someone's death is their part of truth, what happens to my part of untruth?

When someone is dead there is nothing left, except of my father, who walks around by himself where he is.

TRANSLATORS

ASTRID ALBEN is a poet, editor, and translator. Her poetry and essays have been featured in the *Poetry Review*, *Granta*, and the *Times Literary Supplement*. She is the author of the collection *Plainspeak*. Her next collection, *Little Dead Rabbit*, and her translation of Anne Vegter's *Island Mountain Glacier* are both forthcoming in 2022.

SOPHIE COLLINS grew up in Bergen, North Holland, and now lives in Edinburgh. She is the author of the poetry collection *Who Is Mary Sue?* and *small white monkeys*, a text on self-expression, self-help, and shame.

DAVID COLMER is an Australian writer, editor, and translator, mainly of Dutch-language literature. He translates in a range of genres and has won many prizes, including the IMPAC Dublin Literary Award and the Independent Foreign Fiction Prize (both with novelist Gerbrand Bakker), and the Brockway Prize 2021 for his translations of Dutch poetry. Recent translations include a selection of the poetry of Mustafa Stitou, *Two Half Faces*, and a complete translation of Radna Fabias's *Habitus*.

DONALD GARDNER is a poet and literary translator who divides his time between Amsterdam and County Kildare, Ireland. He has published six collections of poetry, most recently *Early Morning*, and his *New and Selected Poems (1966–2020)* is forthcoming in 2022. Originally a Spanish-language translator, Gardner has translated many Dutch and Flemish poets over the years, including two collections of Remco Campert's poetry, *I Dreamed in the Cities at Night* and *In Those Days*. For the latter collection, he was awarded the Vondel Prize for literary translation.

VIVIEN D. GLASS is a literary translator from Dutch and German to English. She was born in Switzerland to Irish and Swiss parents and moved to the Netherlands in 1995, where she completed a bachelor's degree at the ITV University of Applied Sciences for Translation and Interpreting. She currently lives and works in the beautiful medieval city of Amersfoort, and enjoys attending translation and creative writing workshops whenever her schedule allows. Her published translations include works of fiction, nonfiction, poetry, drama, children's verse, and more. She is particularly inspired by female poets and has translated work by Hagar Peeters, Hester Knibbe, and Marieke Lucas Rijneveld, among others.

WILLEM GROENEWEGEN is a bilingual Dutch-English translator. He has published translations of poets including Arjen Duinker, K. Michel, and Rutger Kopland. For the latter, he was shortlisted for the Popescu European Poetry Translation Prize in 2007. His most recent translations are of Rob Schouten and Bart Meuleman into English and Sean O'Brien into Dutch.

MAARTJE GROOTEN is an avid hobbyist translator who has had the honor to have two translated works published, most notably S. E. Hinton's *Rumble Fish*. She is secretly working on up-to-date Dutch translations of Jane Austen's oeuvre, to be used in schools throughout the country.

MICHELE HUTCHISON grew up in the UK, studied in the UK and France, and now lives in Amsterdam. She has translated a wide range of genres from Dutch and is coauthor of *The Happiest Kids in the World*. Her translation of Marieke Lucas Rijneveld's *The Discomfort of Evening* was awarded the 2020 International Booker Prize. Recent poetry collections in translation include Sasja Janssen's *Putting On My Species* and Alfred Schaffer's *Man Animal Thing*.

JOHN IRONS has been a professional translator of poetry for over thirty years. He translates from French, German, Dutch, Swedish, Norwegian, and Danish into English. Since 1968, he has lived in Scandinavia, mainly in Denmark. He has had a poetry blogspot for over ten years at johnirons.blogspot.com, where a full CV and list of translations are available.

FRANCIS R. JONES translates poetry, mainly from Dutch and Bosnian-Croatian-Serbian into English. He has also translated from Russian, Hungarian, and Caribbean creoles, and into Northern English dialects. His translations have won fifteen national and international prizes. He is professor of translation studies at Newcastle University, and lives in Northumberland.

PETER NIJMEIJER grew up in Amsterdam but moved to London in 1970, where he married an Irish woman. Nijmeijer was a poet, critic, and translator from English to Dutch and vice versa. He translated Seamus Heaney into Dutch, as well translating many experimental Dutch poets (such as Gerrit Kouwenaar and Lucebert) into English.

JACQUELYN POPE is a writer and translator. She is the author of the poetry collection *Watermark* and the translator of Hester Knibbe's *Hungerpots: New and*

Selected Poems. Pope's poetry, essays, and translations from Dutch and Afrikaans have appeared in journals such as *Asymptote*, *The Common*, *PN Review*, and *Poetry*. She is the recipient of a PEN/Heim Translation Fund grant and a National Endowment for the Arts Translation Fellowship, in addition to awards from the Academy of American Poets and the Massachusetts Cultural Council.

PAUL VINCENT studied in Cambridge, UK, and Amsterdam. From 1967 to 1989, he taught Dutch at London University, since when he has been a full-time translator. He was awarded the first David Reid Poetry Translation Prize in 2006 for his translation of Hendrik Marsman's "Memory of Holland" and the 2012 Vondel Prize for Louis Paul Boon's *My Little War*.

JUDITH WILKINSON is a British poet and award-winning translator living in Groningen, the Netherlands. She has published many collections to date, including Toon Tellegen's *Raptors*, for which she won the Popescu European Poetry Translation Prize in 2011. In 2013, she won the Brockway Prize, a biennial prize for the translation of Dutch poetry. Her own collections include, most recently, *In Desert*. Recent translated collections include Hagar Peeters's *City of Sandcastles*, Toon Tellegen's *Under a Giant Sky*, and Menno Wigman's *The World by Evening*.

ACKNOWLEDGMENTS

Grateful acknowledgment to the following authors and publishers for the use of:

"Er staat een stad op," "Voor de zekerheid," and "Ebarme dich" by Maria Barnas. Reprinted with permission from Singel Uitgeverijen. Translation © Donald Gardner. Reprinted with permission from the translator.

*

"Het is er wel, allemaal" and "Geluk" by Mark Boog. Reprinted with permission from Cossee. Translation © Willem Groenewegen. Reprinted with permission from the translator.

"Onze afwezigheid" by Mark Boog. Reprinted with permission from Cossee. Translation © Michele Hutchison. Reprinted with permission from the translator.

*

"[Een dag als deze]" and "Bliksemtocht" by Peter Boskma. Reprinted with permission from De Bezige Bij. Translation © Paul Vincent. Reprinted with permission from the translator.

*

"De goede afloop," "Beethoven op de schaal Van Beaufort," and "Tot God" by Anneke Brassinga. Reprinted with permission from De Bezige Bij. Translation © John Irons. Reprinted with permission from the translator.

*

"De grootvader die ik nooit," "Dagje circus," and "Hij zei we moeten praten" by Ellen Deckwitz. Reprinted with permission from Singel Uitgeverijen. Translation © Astrid Alben. Reprinted with permission from the translator.

*

"XXIV," "Tergutocht," and "Oud en nieuw" by Arjen Duinker. Reprinted with permission from Singel Uitgeverijen. Translation © Willem Groenewegen. Reprinted with permission from Arc Publications.

*

"Het brekende," "Er was eens . . . ," and "Sumatrakade" by Elma van Haren. Reprinted with permission from De Harmonie. Translation © David Colmer. Reprinted with permission from the translator.

*

"Wie ik ken en wat ik weet en wat er," and "Voor de liefste onbekende," by Ingmar Heytze. Reprinted with permission from Podium. Translation © Maartje Grooten. Reprinted with permission from the translator.

"Bericht aan de reizigers" by Ingmar Heytze. Reprinted with permission from Podium. Translation © John Irons. Reprinted with permission from the translator.

*

"Kleine droom," "Archeologie," and "Aardappelen zijn belangrijker dan rozen," by Esther Jansma. Reprinted with permission from Prometheus. Translation © Francis R. Jones. Reprinted with permission from Blood Axe Books.

*

"[Ik neem de hersens]" by Hester Knibbe. Reprinted with permission from Singel Uitgeverijen. Translation © Vivien D. Glass. Reprinted with permission from the translator.

"Delphi" by Hester Knibbe. Reprinted with permission from Singel Uitgeverijen. Translation © Jacquelyn Pope. Reprinted with permission from the translator.

"Hongerpotten" by Hester Knibbe. Reprinted with permission from Singel Uitgeverijen. Translation © Jacquelyn Pope. Reprinted with permission from Eyewear Publishing.

*

"Broertje," "Identiteitspolitiek is een modegril, zeg je," and "De volgende scan duurt minder dan ene minuut" by Lieke Marsman. Reprinted with permission from Peters Fraser and Dunlop. Translation © Sophie Collins. Reprinted with permission from Liverpool University Press.

*

"Stroom," "Koor van ongehoorde waaibomen," and "Oude boxer" by Erik Menkveld. Reprinted with permission from van Oorschot. Translation © Willem Groenewegen. Reprinted with permission from the translator.

*

"[Grote rivier! Draai om!]" and "Zijn kikkers de kanaries" by K. Michel. Reprinted with permission from Atlas Contact. Translation © Willem Groenewegen. Reprinted with permission from Seren Publications.

"Daaag" by K. Michel. Reprinted with permission from Atlas Contact. Translation © Paul Vincent. Reprinted with permission from the translator.

*

"Tonnus Oosterhoff" by Tonnus Oosterhoff. Reprinted with permission from De Bezige Bij. Translation © John Irons. Reprinted with permission from the translator.

"Hersenmutor" by Tonnus Oosterhoff. Reprinted with permission from De Bezige Bij. Translation © Paul Vincent. Reprinted with permission from the translator.

"[Wat is dat voor lichaam dat met ons leeft?]" by Tonnus Oosterhoff. Reprinted with permission from De Bezige Bij. Translation © David Colmer. Reprinted with permission from the translator.

*

"'Zal ik nog een eindje met je meelopen?'" "Vannacht kwam ik mijn ouders tegen," and "Memento van de Groningse Folkingestraat" by Hagar Peeters. Reprinted with permission from De Bezige Bij. Translation © Judith Wilkinson. Reprinted with permission from the translator.

*

"Meisjes," "De laatste onbekende," and "Legale Activiteiten" by Ester Naomi Perquin. Reprinted with permission from van Oorschot. Translation © David Colmer. Reprinted with permission from White Pine Press.

*

"En wat het dan betekent" by Ilja Leonard Pfeijffer. Reprinted with permission from Singel Uitgeverijen. Translation © the estate of Peter Nijmeijer.

"Zondag" and "Idylle" by Ilja Leonard Pfeijffer. Reprinted with permission from Singel Uitgeverijen. Translation © Willem Groenewegen. Reprinted with permission from the translator.

*

"Als een sprookjesbos, grondig uitgekamd" and "All work and no play" by Alfred Schaffer. Reprinted with permission from De Bezige Bij. Translation © John Irons. Reprinted with permission from the translator.

"Dag(droom) #598" by Alfred Schaffer. Reprinted with permission from De Bezige Bij. Translation © Michele Hutchison. Reprinted with permission from the translator.

*

"[Eens kreeg ik dit visioen]," "[Namen op een mooie]," and "Anekdoten, openbaringen" by Mustafa Stitou. Reprinted with permission from De Bezige Bij. Translation © Willem Groenewegen. Reprinted with permission from the translator.

"Moratorium," "Showen en trippen," and "Mijn armoede" by Anne Vegter. Reprinted with permission from Singel Uitgeverijen. Translation © Astrid Alben. Reprinted with permission from the translator.

*

"Raymond Carver," "Houd het hierbij," and "Je" by Rogi Wieg. Reprinted with permission from In De Knipscheer. Translation © Paul Vincent. Reprinted with permission from the translator.

*

"Jeunesse dorée," "Tot besluit," and "Kamer 421" by Menno Wigman. Reprinted with permission from Prometheus. Translation © David Colmer. Reprinted with permission from the translator.

*

"Ochtend en avond liedje," "De christen komt op bezoek," and "Mijn vader zegt dat het verstandig is om iets te doen waarin het niet erg is om middelmatig te zijn, zoals waarin ik professor ben" by Nachoem M. Wijnberg. Reprinted with permission from De Bezige Bij. Translation © David Colmer. Reprinted with permission from Anvil Press Poetry.

Koos Breukel

ROBERT SCHOUTEN is a Dutch writer, poet, columnist, and literary critic of the daily *Trouw*. He was a writer in residence at the University of of Minnesota and a professor of literary criticism at the Free University of Amsterdam. His latest novel is *De groene gravin*, and his latest collection is *Dit moet dus de werkelijkheid zijn*. His penultimate collection, *Infauste service forecast*, was awarded the Herman Gorter Prize in 2001. He lives in Amsterdam.

milkweed
editions

Founded as a nonprofit organization in 1980, Milkweed Editions is an independent publisher. Our mission is to identify, nurture and publish transformative literature, and build an engaged community around it.

Milkweed Editions is based in Bdé Óta Othúŋwe (Minneapolis) within Mní Sota Makhóčhe, the traditional homeland of the Dakhóta people. Residing here since time immemorial, Dakhóta people still call Mní Sota Makhóčhe home, with four federally recognized Dakhóta nations and many more Dakhóta people residing in what is now the state of Minnesota. Due to continued legacies of colonization, genocide, and forced removal, generations of Dakhóta people remain disenfranchised from their traditional homeland. Presently, Mní Sota Makhóčhe has become a refuge and home for many Indigenous nations and peoples, including seven federally recognized Ojibwe nations. We humbly encourage our readers to reflect upon the historical legacies held in the lands they occupy.

milkweed.org

Interior design by Tijqua Daiker and Mary Austin Speaker
Typeset in Vendetta

Vendetta was designed in 1999 by John Downer. Inspired by the class of types
known as Venetian Old Style, Downer designed Vendetta while considering
the relationship between lowercase letters and capital letters in terms
of classical ideals and geometric porportions.
Vendetta can be characterized by
its synthesis of ideas,
old and new.